KB211957

예배 돋보기

# 예배 돋보기

초판 1쇄 인쇄_ 2011년 8월 30일
초판 1쇄 발행_ 2011년 9월 5일

지은이_ 안선희

펴낸곳_ 바이북스
펴낸이_ 윤옥초

책임편집_ 도은숙
편집팀_ 이성현, 이현실, 김태윤
책임디자인_ 방유선
디자인팀_ 윤혜림, 이민영, 남수정, 윤지은

ISBN_ 978-89-92467-57-5  03230

등록_ 2005. 07. 12 | 제 313-2005-000148호

서울시 마포구 서교동 395-166 서교빌딩 703호
편집 02) 333-0812 | 마케팅 02) 333-9077 | 팩스 02) 333-9960
이메일 postmaster@bybooks.co.kr
홈페이지 www.bybooks.co.kr

책값은 뒤표지에 있습니다.

바이북스는 책을 사랑하는 여러분 곁에 있습니다.
독자들이 반기는 벗 – 바이북스

# 예배 돋보기

안선희 지음

바이북스
ByBooks

## 머리말

여기 실린 대부분의 글들은 2007~2008년 2년간 월간 《새가정》에 연재한 것이고, 나머지 몇 편의 글들은 책으로 묶기 위해 새로 준비한 것이다. 잡지 연재를 마친 지 한참 지나도록 책으로 묶어내지 않은 것은 예배에 관한 모든 사항을 아울러보리라는 욕심 때문이었다. 지금도 아쉬움이 있지만, 이쯤에서 한 번 매듭짓는 것이 좋겠다고 생각했다. 아니면 결코 묶이지 않을 단편적인 글들로 나뒹굴 수도 있겠다는 두려움이 생겼다.

우리나라 신학 교육에서 예배학이 교과 과정으로 등장한 것은 불과 20년 안팎일 것이다. 그사이에 좋은 교과서들도 출판되었다. 반면 그리스도인, 특히 평신도 모두가 읽고 자신의 예배 생활을 되돌아볼 수 있는 예배에 관한 신앙 서적을 찾기가 쉽지 않다. 이는 분명 바람직한 현상은 아니다. 이런 현상은 평신도를 예배에 대해 무지한 상태에서 예배를 드리게 하는 오류 속으로 몰아넣기 때문이다. 모르면서 실천하는 것은 맹목적인 태도다.

근자에 와서 개신교의 위기를 지적하는 담론이 증가하고 있다. 개신교가 위기에 처하게 된 데에는 여러 가지 이유가 있겠지만 신앙인의 맹목성도 그중 하나임에 분명하다. 이런 종교적 정황에서 평신도들을 예배 생활에 관한 자기 성찰로 인도할 수 있는 서적이 출판된다면 좋겠다고 생각했고 이런 소망이 이 책의 출간을 부추겼다.

'아는 만큼 보인다'는 말이 있다. 이 말이 단지 예술 작품을 감상하거나 여행을 할 때에만 적용되는 것은 아니다. 예배에 관해서도 마찬가지이다. 이 책을 통해 독자들이 자신의 신앙생활, 특히 예배 생활에 관해 더 많이 알게 되었으면 좋겠다. 그래서 예배에 대해 더 많은 것을 보게 될 뿐 아니라 더 깊은 의미도 체득하게 되면 더 이상 바랄 것이 없겠다.

글도 짧고 공부도 부족해서 깊이 있게 다루지 못한 주제들에 대해서는 독자들이 예배하는 삶 속에서 완성해주길 바란다. 끝으로 책 출판을 흔쾌히 허락한 바이북스 출판사에 깊은 감사의 마음을 전한다.

2011년 8월

안선희

CONTENTS

머리말

# *1*
# 예배 이해하기

# CONTENTS

## 2
## 예배 다시 생각하기

예배 돋보기

*1*

# 예배 이해하기

자신이 그리스도인임을 고백함으로
써 신앙을 표현하고, 성서의 말씀과
대면함으로써 새로운 의미 작용이 일
어나고, 해이해졌던 신앙인으로서의
정체성을 다시 한 번 확인하며, 새 힘
을 얻어 세상 속으로 파송되는 것이
예배라면, 어찌 예배가 그리스도인의
삶의 중심이 아닐 수 있겠는가.

# 예배는
# 교회 공동체의 창이다

누군가 내게 물었다, 전공이 무엇인지. 예배학이라고 대답했더니 좋은 것을 한다는 대답이 돌아왔다. 그리스도인의 삶에서 가장 중요한 부분을 다루고 있으니 얼마나 좋으냐는 것이다. 그 사람은 예배를 그리스도인의 삶에서 핵심적인 것이라고 이해하고 있었다. 다른 이가 토를 달았다, 예배가 그렇게 중요한 것이냐고. 현대인들의 바쁜 일상 속에서 예배는 너무 거추장스러운 것이 아니냐고. 예배라는 형식보다 신앙대로 사는 것이 중요하지 않느냐고 물었다. 그 사람은 예배를 내용 없는 허례허식으로 생각하는 것이다.

이 두 사람은 예배라는 한 현상에 대한 상반된 견해를 갖고 있다. 그럼에도 두 사람의 생각은 어느 것 하나 틀린 것이 없다. 예배는 그리스도인의 삶 중심에 놓여 있기에 세상에서 그리스도인으로 살아가게 하는 원천을 제공하는 샘과도 같지만 그 역할을 하지 못할 경우 빈껍데기에 불과하기 때문이다.

그리스도교 공동체를 포함해서 모든 종교 공동체들은 규칙적으로 반복하여 자신들의 고유한 의례를 거행한다. 그래서 종교 의례는 마치 집의 창과 같다. 종교 공동체라는 집을 들여다볼 수 있는 창에 비유될 수 있다. 그 창을 통하여 우리는 종교 공동체의 내부를 구경할 수 있고 그 분위기를 파악할 수 있다. 어느 종교에 대해 궁금증이 생기면 그 종교의 창인 의례에 참여해보라. 그러면 그 종교가 어떠한지 감을 잡을 수 있을 것이다.

의례는 종교적 경험이 외적으로 표현된 것이다. 즉 신앙의 내용을 말과 행동으로 드러내어 표현하는 것이다. 물론 신앙의 내용을 드러내는 것을 모두 의례라고 하지는 않는다. 신앙적 내용을 표현하는 것이 의례가 되려면 그것은 반복적이고 규칙적이어야만 한다.

이 대목에서 우리는 의례의 반복적인 특성에 주목할 필요가 있다. 왜냐하면 반복을 통해 우리에게 무언가가 학습되기 때문이다. 즉 의례라는 통로를 통해 우리는 신앙을 표현하고 강화하며 학습한다. 그것도 머리로만이 아니고 온몸으로.

종교의 내용이 겉으로 드러난 것은 의례뿐은 아니다. 쓰인 문서, 경전, 교리 등을 통해서도 우리는 종교의 내용을 알아볼 수 있다. 그러나 의례는 현장에서 실행되는 것이므로 다른 방법을 통한 것보다 훨씬 더 생동감 있게 종교적 내용을 경험할 수 있게 해준다.

그리스도교의 대표적 의례는 역시 예배다. 예배란 그리스도인들이 교회라고 하는 공동체에 모여 정해진 시간과 공간에서 반복적 혹은 규칙적으로 행하는 의례이다. 그러므로 예배를 통하여 그리스도인은 자신의 신앙을 표현하고 강화하며 신앙적인 가치를 내면화한다.

앞서 예배를 그리스도인의 삶의 중심이라고 한 사람의 생각은 예배의 이런 측면을 염두에 둔 것이다. 자신이 그리스도인임을 고백함으로써 신앙을 표현하고, 성서의 말씀과 대면함으로써 새로운 의미 작용이 일어나고, 해이해졌던 신앙인으로서의 정체성을 다시 한 번 확인하며, 새 힘을 얻어 세상 속으로 파송되는 것이 예배라면, 어찌 예배가 그리스도인의 삶의 중심이 아닐 수 있겠는가.

그런데 이러한 과정에서 의미 작용이 제대로 일어나지 않고, 새 힘을 얻을 수도 없다면, 예배는 내용 없는 빈껍데기와 같을 것이다. 다시 말해서 아무리 예배에 참여하여도 세상 속에서 그리스도인들이 도무지 이와 같이 살지 못한다면 예배는 내용 없는 형식에 지나지 않는다는 세간의 비판을 면할 수 없다. 이렇게 보면 예배가 그리스도인 삶의 중심인지 허례허식인지를 분별할 수 있는 유일한 척도는 그리스도인의 삶이라는 결론이 도출된다.

앞에서 종교 의례는 종교 공동체의 창과 같다고 했다. 그리스도교에서 거행되는 예배도 기독교 공동체의 창에 비유될 수 있다. 예배는 교회 공동체가 고백하는 바를 드러내기 때문에 우리는 예배를 통하여 각각의 공동체가 지니고 있는 신학 혹은 신앙적 성찰을 파악할 수 있다.

그리스도교가 하나의 신앙을 고백한다 하더라도 개개의 교회 공동체는 그 표현 방식에 사소한 차이를 보일 수 있다. 뭉뚱그려 그리스도교라고 부르지만 로마 가톨릭, 정교회, 개신교는 예배에서 적지 않은 차이를 보인다. 또한 개신교의 예배도 교단에 따라, 그리고 개 교회에 따라 상이하다. 그런데 이러한 차이는 단지 예배 형식만의 차이는 아니다. 보이는 서로 다른 예배 형식의 배후에는 신학적 차이가 존재한다.

한국 교회에는 무수한 예배들이 있다. 넓은 의미에서 보면 인간이 하나님께 바치는 모든 행위가 예배일 수 있다. 그러나 좁은 의미에서 예배는 공적인 행위다. 즉 예배란 예수님의 이름으로 교회 공동체의 구성원들이 함께 모여 정해진 시간과 공간에서 하나님께 드리는 행위 일체를 의미한다.

독일어로 예배를 '고테스디엔스트Gottesdienst'라고 한다. 하나님의 봉사라는 말로 직역될 수 있다. 하나님의 봉사라는 말은 어법상 두 가지로 해석될 수 있다. 하나는 말 그대로 인간을 위한 하나님의 봉사이며, 다른 하나는 하나님에 대한 인간의 봉사다. 예배학에서는 이 단어의 두 가지 의미에 근거하여 예배가 이중적인 구조를 지니고 있다고 한다. 즉 예배는 하나님이 인간을 위하여 베푸신 봉사인 동시에 하나님을 위한 인간의 봉사라는 것이다.

그런데 왜 예배가 봉사일까? 그것은 봉사란 다름 아니라 누군가를 위해 무엇인가를 애써서 남겨두는 것이기 때문이다. 하나님은 우리를 위하여, 우리는 하나님을 위하여, 시간, 귀 기울임, 격려와 관심을 남겨두는 것. 이것이 바로 예배다. 이렇게 예배에서는 봉사가 하나님과 인간 상호간에 이루어진다. 그런데 하나님의 봉사와 인간의 봉사 가운데 전자가 우선한다는 사실이 중요하다.

그리스도교의 신앙은 그리스도가 우리를 위하여 말씀과 행위로 자신의 삶을 희생했다는 것에서 하나님의 본성이 드러났다는 사실에 기초하고 있다. 이 신앙이 인간을 예배에로 이끈다. 그리고 이 신앙의 근간은 하나님의 봉사인 것이다. 우리의 신앙은 그것에 대한 응답일 뿐이다. 인간을 예배에 부르는 존재는 하나님이다. 따라서 예배의 이니셔티브initiative, 주도권는 하나님에게 놓여 있다. 인간은 부르심에 응답하여 예배에로 나아갈 뿐이다. 이때 하나님을 위한 인간의 봉사가 이루어짐은 물론이다.

그런데 인간을 위한 하나님의 봉사와 하나님을 위한 인간의 봉사는 특별한 시간과 공간에서 이루어지는 것만은 아니다. 그것은 그리스도인 삶 전반에 걸쳐서 이루어진다. 사도 바울도 로마서 12장 서두에서 우리의 일상적 삶에서 하나님의 뜻을 행하는 것을 '합당한 예배'라고 일컫지 않았는가. 따라서 주일 오전 11시에 시작된 예배가 12시를 조금 넘어 끝이 났다고 해서 우리의 예배가 완전히 끝났다고 말할 수 없다. 우리의 예배는 평일에도 계속된다. 일상에서 그리스도인의 신앙과 행위에서, 교회 공동체의 모든 모임에서, 직장에서의 일과 교제에서 예배는 계속된다.

그렇다면 일상생활에서의 예배와 교회에서의 공적인 예배의 차이는 무엇인가? 교회 공동체에서의 예배는 평일의 일상적인 삶이 예배가 되게 하는 사건의 정점에 놓여 있다. 따라서 전자는 후자에 신앙적 의미를 부여한다. 세상살이에 지쳐서 약화된 그리스도인으로서의 정체성을 다시금 확인하고 신앙을 강화할 수 있는 것이 교회 공동체에서 드려지는 예배다. 이렇게 보면 교회에서의 공적인 예배는 예배 중의 예배라고 할 수 있다.

# 예배는
# 다양한 구성 요소로 이루어진
# 유기적 통합체다

공적인 예배는 예배 중의 예배라 했다. 교회 공동체의 공예배는 그리스도인의 일상적 시간과 공간으로부터 구별된 전혀 새로운 우주를 경험하는 시공이다. 즉 하나님과 만나는 때와 장소다. 하나님과 만나기 위해 그리스도인은 예배로 들어간다. 예배 안에서 하나님과 대면한 다음 우리는 일상적 시간과 공간으로 돌아간다. 그래서 모든 공예배의 순서는 하나님을 만나러 들어가고, 하나님을 만나고, 다시 세상을 향하여 나가는 구조를 지니고 있다.

예배의 구조, 순서, 절차를 이야기하려고 하면 이렇게 생각하는 사람들이 있다. '신령과 진정으로 드리면 그만이지 무슨 절차와 순서가 필요한가?' '모두 허례가 아닌가?' 이런 입장을 이해할 수는 있다. 내용 없는 겉치레는 요란한 빈 수레와 같지 아니한가. 더욱이 많은 개신교 신자들은 자신들의 신앙적 정체성을 과거 구교의 의례 오용을 신랄하게 비판했던 종교개혁의 정신에서 찾고 있기 때문에 순서와 절차를 운운하기만 해도 '자라 보고 놀란 가슴 솥뚜껑 보고도 놀라는' 반응을 보이기 쉽다.

그러나 우리는 예배가 아닌 다른 사회적 관계에서나 친밀한 사사로운 관계에서도 정도의 차이는 있으나 순서와 절차에 따라 만나고 헤어진다. 인간 사회 내에서 통용되는 만남의 절차라는 것도 있지 않은가. 일반적으로 전화를 해서 약속을 정하고, 약속 시간 5분 전쯤 약속 장소에 도착하고, 만나면 목례와 더불어 악수를 한다. 그리고 차를 마시면서 이야기를 나누거나 식사를 하면서 만남을 지속한다. 식사를 함께하면서 이야기를 나누는 것은 차를 마시면서 이야기를 나눌 때보다 더 깊고 친밀한 이야기가 오갈 수 있다. 이렇게 사람들은 만남을 통해 이야기를 주고받으며, 서로의 신뢰를 확인하고, 메시지를 전달하고 수용한다. 그리고 대체로 덕담을 주고받으며, 후일을 약속하고 헤어지게 된다.

우리가 예배를 하나님과의 공동체적 만남이라고 규정한다면, 거기에도 최소한 순서와 절차라는 형식이 있을 수밖에 없다. 인간은 하나님과의 만남을 인간과의 만남과 유비해서 구성하기 때문이다. 여기서 최소한의 순서와 절차란 하나님을 만나기 위해 그분의 세계에 '들어감', 그런 거룩한 경지와의 '만남', 하나님의 영역으로부터 '나옴'의 구조를 의미한다.

이러한 기본 구조는 실제의 예배 안에서 구체적으로 개회 예전, 말씀 예전, 성만찬 예전, 파송 예전의 골격을 갖추게 된다. '들어감'은 개회 예전으로, '만남'은 말씀 예전과 성만찬 예전으로, '나옴'은 파송 예전으로 구체화된다.

개신교의 경우 성만찬 예전이 자주 생략되고 있는데, 이 점을 제외하면 세계 교회는 어디에서나 동일한 기본 구조를 지니고 있다. 이러한 기본 골격 위에서 개 교회들은 교단 전통, 그리고 예배 공동체의 신학과 신앙고백을 반영하여 예배를 구성하게 된다. 성만찬 예전이 생략되는 경우 예배는 나머지 세 부분들로 단락 지어지는데 이 가운데 개회 예전과 말씀 예전을 한 덩어리로 통합하여 그것을 다시 세분화하여 다른 이름을 붙인 단락들이 만들어지기도 한다. '찬양과 고백' '기원과 응답' '교제와 봉헌' '말씀과 응답' 등의 단락이 그 사례가 될 수 있다.

그러나 이런 세분된 단락은 예배 참여자들로 하여금 예배의 구조를 복잡한 것으로 느끼게 하고 그 본래의 의미를 파악하는 데 어려움을 가중시킬 수 있다. 그리고 때로 그러한 단락의 표제

어들이 예배의 흐름과 전혀 맞지 않게 만들어지는 경우가 있다.

일반적으로 우리나라 개신교에서는 매우 특별한 절기에나 예배에 성만찬 예전을 포함시킨다. 그러나 이러한 분위기에는 문제가 있다. 성만찬 예전은 성서가 전하는 바대로 초기 그리스도교 시기부터 예배의 필수적인 요소였으며, 종교개혁자들에게서도 그 중요성은 여전히 잊히지 않고 있었다. 그런데 종교개혁자들은 생명을 건 신앙적인 논쟁의 상황에서 가톨릭교회와의 차별성을 확보하는 데 주력했고, 그 와중에서 성만찬 예전의 실행이 강조되지 않게 된다. 이런 사실을 고려해보면 한국 개신교인들은 역사적으로 왜곡된 형태의 예배에 참여하고 있는 것이다.

사람들이 함께 모여 이야기를 나누고 함께 식사하는 것은 단순히 먹는 행위 이상을 의미한다. 우리는 우리에게 아무 의미가 없는 사람들과 기꺼이 한 식탁에 마주 앉지 않는다. 그리고 우리는 식탁에서 주어진 음식을 소모하며 칼로리를 섭취하는 것만은 아니다. 이런 것들과 아울러 삶과 영혼이 교류되는 것이다.

성만찬은 우리 신앙의 선배들인 초기 그리스도인들이 예수 그리스도를 기억하는 독특한 방식이었다. 성만찬 예전을 통하여 우리는 하나님이신 예수 그리스도를 기억하고, 식탁에 주인으로서 임재하시는 예수 그리스도를 만나게 된다. 하나님의 세계에 들어가 그분의 말씀을 듣고, 마침내 그분의 식탁에 초대받는 것이다. 이런 식사 초대를 통해 하나님과 인간의 만남이 심화된다.

이렇듯 예배는 기본 골격을 중심으로 해서 여러 순서들이 모여 통합된 하나의 단일체라고 할 수 있다. 그리고 기본 구조의 단락들 모두가 하나의 단일체인 예배를 구성하기 위해 중요하듯이, 단락을 구성하는 순서 하나하나가 의미를 지니고 있다. 따라서 '설교만이 중요하다' 또는 '예배는 곧 설교다'라는 진술은 옳지 않다. 우리는 남의 집에 초대받았을 때 결코 그 현관을 통과하지 않고, 혹은 주인과 인사를 나누지도 않은 채 그와 담소할 수는 없다. 마찬가지로 설교 하나만으로 예배는 이루어지지 않는다.

예배는 하나님의 부르심에 응답한 인간이 하나님을 만나는 여정이다. 따라서 하나님을 만나는 과정 하나하나가 모두 의미 있고 소중하다. 설교만 중요하고 다른 순서들은 소중하지 않은 것이 결코 아니다.

흔히 예배 시간에 지각하는 그리스도인들은 설교 시간에 맞추어 가려고 애를 쓴다. 그들에게 예배는 곧 설교라는 생각이 지배적이기 때문이다. 그러나 이는 약속 시간에 늦게 들어와 주인에게 숨을 헐떡이며 허둥지둥 본론부터, 단도직입적으로 말하라고 요구하는 무례한의 경우와 다르지 않다.

개신교는 종교개혁 이후 하나님의 말씀 위에 굳게 선 예배를 드려야 한다는 신념으로 설교 중심의 예배를 지속적으로 발전시켜왔다. 예배가 곧 설교라는 대다수의 개신교도들의 생각은 여기에서 기원한다. 그리고 예배 시간에 지각하고 설교 시간에 맞추어 오는 신도들의 행태는 '예배는 곧 설교다'라는 신념이 재생산된 결과다.

하나님의 말씀은 중요하다. 개신교 예배에서 하나님의 말씀은 예배를 살리기도 하고 무너뜨리기도 할 수 있는 결정적인 요소다. 그러나 말씀은 인간의 구술 언어에 한정되는 것은 아니다. 즉 설교를 통해서만 전달되는 것은 아니다. 성만찬을 통해서도 하나님의 말씀은 전달된다. 보이는 방식으로 말이다. 예배 안에서, 그리고 예배 밖에서도 하나님의 말씀은 선포될 수 있다. 어느 저명한 신학자가 그리 말하지 않았던가. "하나님이 원하시는 곳에서 하나님이 원하시는 때에 하나님은 말씀하신다"라고.

그렇다면 예배에서 설교가 수행하는 역할은 무엇인가? 설교만이 하나님의 말씀이 아니더라도 설교는 예배 안에서 독특한 위치를 차지하고 있다. 그것은 다름 아닌 그날 예배의 주제를 요약적으로 좀 더 분명하게 전달하는 것이다. 이것이 설교의 역할이다.

누누이 강조하지만 설교가 예배의 전부는 아니다. 설교 이외에 다른 모든 순서들도 저마다의 의미를 지니고 있다. 그저 의미

없이 자리를 차지하고 있는 순서는 없다. 그런데 만일 이유를 알수 없는 순서가 들어 있다면, 우리는 그것이 자리한 이유를 물어야 할 것이고 자리를 잘못 차지한 순서가 있다면 바로잡아야 할 것이다. 왜냐하면 예배의 전 과정은 하나의 통합체이고, 그 과정을 이루는 순서들은 통합체를 이루는 원리에 따라 유기적으로 배치되어야 하기 때문이다.

# 개회 예전에서
# 우리는 무엇을 행하는가?

예배는 하나님을 만나러 들어가는 행위에서 시작하여, 그분과 만나서 말씀과 식사를 나누는 행위를 거쳐, 다시 세상에로 되돌아 나오는 행위로 마친다. 그래서 예배는 개회 예전, 말씀 예전, 성만찬 예전, 파송 예전으로 구분된다.

우리는 여러 가지 방법으로 예배를 시작할 수 있다. 종소리와 함께 묵도함으로써, 함께 찬양함으로써, 징을 울림으로써 예배는 시작된다. 종소리와 함께 묵도함으로써 예배를 시작하는 것은 한국 개신교 예배의 오랜 전통이다. 일각에서는 묵도가 일제의 유산이고, 그래서 초대 그리스도교의 전통에서도 찾아볼 수 없는 것이기 때문에 잘못된 예배 시작 방법이라고 우려하기도

한다.

그러나 대다수 예배 참여자들의 입장은 다르다. 묵도만큼 예배 시작을 성스럽게 알리는 다른 방법은 없다고 한다. 그들은 눈을 감고 세상과 단절한 채 마음을 모아 하나님의 임재를 기다리는 것이 가장 적절하고도 익숙한 순서라고 생각하고 있는 것이다. 예배 참여자들은 자신들에게 익숙한 무엇인가를 절대적으로 옳은 것으로 생각하기 쉽다. 그래서 그들에게 낯선 것은 그른 것이 된다. 왜냐하면 예배에서 익숙한 것이 그들에게 안정감을 제공해주기 때문이다.

예배를 묵도로 시작해야 하는가 아니면 다른 식으로 시작해야 하는가는 큰 문제가 아니다. 정작 문제는 묵도로 예배를 시작하는 방법만이 절대적으로 유일하게 바른 예배라고 주장하는 데 있다. 인간의 경험과 표현은 보편타당하지 않다. 따라서 묵도라는 익숙한 경험이 절대선이 될 수 없다. 묵도는 다만 예배 공동체의 역사적, 문화적, 사회적 배경에서 자라난 하나님을 갈망하는 한 표현 방식에 지나지 않는 것이다.

묵도가 가진 여러 문제점에도 불구하고 이미 오랜 시간을 거쳐 예배 참여자들에게 중요한 예배의 순서로 각인된 데에는 분명한 이유가 있을 것이다. 한 예배 순서의 생명은 그 순서가 사람들에게 어떠한 의미 작용을 일으키는가에 달려 있다. 묵도는 예배의 시작 단계에 있는 예배 참여자들에게 어떤 종교적 의미를 부여하고 있다. 그렇기에 여러 비판에도 불구하고 오늘에 이르기까지 여전히 예배를 시작하는 중요한 방법이 되고 있는 것이다. 그러므로 필자는 묵도를 예배 순서에서 제외해야 한다는 주장을 펼치고 싶지는 않다. 묵도가 어떤 신앙적 의미도 제공하지 못하게 되면 그것은 서서히 소멸될 것이기 때문이다.

예배를 시작하는 또 다른 방법은 한 목소리로 첫 찬송을 부르는 것이다. 이 방법의 경우 대체로 예배 집례자, 순서를 맡은 사람들 그리고 성가대의 입례가 따른다. 예배 참여자들이 모두 일어나서 찬송을 부를 때 예배 집례자와 순서를 맡은 사람들이 예배당의 맨 뒷자리에서 설교단과 성만찬상이 놓여 있는 앞쪽으로 나아가는 것은 예배 참여자 모두가 하나님께로 나아가는 것을 상징적으로 표현하는 것이다. 그러므로 입례는, 예배 집례자와 순서 담당자들이 앞으로 걸어 나아가듯 예배 참여자 모두가 하나님께로 나아가는 것을 모방하는 신앙적 의미를 지닌다.

그런데 입례 때 왜 찬송을 부르는가? 이때 찬송은 개인이 예배 공동체로 거듭나게 되는 계기로 기능한다. 예배 참여자들은 각기 다른 생각과 관심을 지니고 살아가는 사람들이다. 그리고 다른 동기를 가지고 예배에 참여한다. 그런데 문제는 이렇게 다양한 사람들이 어떻게 함께 찬송하고 기도하고 말씀을 듣고 성만찬에 참여하는 하나의 예배 공동체가 되느냐는 것이다. 삶의 자리가 다양하고 마음에 품은 생각과 동기가 다르다고 하더라도 함께 찬송을 부르고 서로의 찬송 소리를 들으면서, 곧 찬송이라는 공동의 행위를 하면서 예배에 모인 사람들은 하나의 공동체로 결합된다.

이외에도 찬송으로 예배를 시작하는 것은 또 하나의 중요한 의미를 지닌다. 예배를 찬송으로 시작하는 것은 예배에서 회중이 형식적인 예배 집례자, 곧 목회자와 더불어 예배를 인도하는 실제적인 집례자들이지 단지 수동적인 참여자이거나 집회의 경청자가 아니라는 사실을 분명하게 드러내준다. 예배에서 첫 번째 입을 여는 이가 회중이라는 점에서 그러하다.

의례 연구가들은 의례 수행 시 누가 첫 번째로 발성發聲하는가에 주목한다. 왜냐하면 일반적으로 첫 번째 발성은 곧 의례 수행 과정에서의 권위 획득을 의미하기 때문이다. 이런 맥락에서 회중의 찬송으로 시작된 예배에서 권위는 예배를 집례하는 목회자가 아닌 예배 공동체에 주어지는 것이다.

마지막으로 징을 울리면서 예배를 시작하는 방법이 있다. 이 방법은 예배의 토착화를 좀 더 적극적으로 실행해보려는 공동체에서 쓰인다. 징을 울리면서 하나님의 임재를 기원하는 것이다. 물론 하나님의 임재는 징 울림과 직접적인 관련이 없다. 징이 울리지 않아도 하나님은 예배자들과 함께 계시지 않은가. 따라서 징 울림은 상징적 행위다. 그것은 하나님이 함께하시길 원하는 인간들의 간절한 소망을 표현한다. 상징은 말과 글로 표현될 수 없을 때 의미를 실어 나르는 수레다. 징 울림은 또한 기능적으로 회중의 주의를 환기하는 역할을 한다. 이런 점에서 징은 강대상 위에 놓인 종과 그 기능이 다를 바가 없다.

우리가 예배를 어떤 방식으로 시작하든지 하나님을 만나러 들어가는 데는 하나님의 부르심이 선행한다. 하나님께서 우리를 초대해주셨기에 우리는 예배할 수 있다. 하나님의 초대는 예배 순서에서 주로 예배로의 부름으로 표현된다. 그러나 때로 예배로의 부름이 생략된 채 예배 시작 기도에 그 내용만이 포함되기도 한다. 하나님의 초대는 우리가 왜, 어떻게, 누구를 향하여 예배드리는지에 관해 분명하게 윤곽을 그려준다.

그다음으로 대개의 경우 죄의 고백과 용서의 선언이 이어진다. 초대받은 예배 참여자는 먼저 자신이 초대받기에 합당한 인물인지 성찰해보아야 한다. 이런 의미에서 우리는 죄를 고백한다. 그런데 죄의 뉘우침은 하나님께서 우리를 확실히 용서해주실 것이라는 확신을 전제로 한다. 그래서 죄의 고백과 용서의 선언이란 순서는 문자 그대로 드러나는 것처럼 그렇게 우리의 마음을 무겁게 하지는 않는다.

그런데 우리는 죄의 고백과 용서의 선언 사이에 한 순서가 삽입되어야 함을 유의해야 한다. 그것은 바로 용서의 간구다. 곧 "주여, 우리를 불쌍히 여기소서" 혹은 "키리에 엘레이손Kyrie eleison"이다. 용서의 간구는 인간의 죄를 용서할 수 있는 존재는 오직 하나님뿐이라는 사실을 공적으로 시인하는 순서다. 그래서 로마 가톨릭, 성공회, 루터교, 동방정교회와 같이 예전 전통이 강한 교회들에서는 예외 없이 "키리에 엘레이손"을 외친다.

예배에 초대해주시고 뉘우침을 용서로서 갚아주시는 하나님께 이제 인간이 할 수 있는 일은 감사와 영광을 돌리는 것이다. 그래서 죄의 고백 및 용서의 간구와 선언 후에 하나님을 높이고 그분께서 행하신 일에 대해 경탄하고 감사드리는 순서가 이어지는 것이 보통인데 이는 시편 교독과 송영으로 표현된다.

개회 예전에서 예배 집례자와 회중이 인사를 주고받는 경우도 있다. 예배 집례자가 "주께서 여러분과 함께하시길"이라고 하면 회중은 "목사님께도 함께하시길 빕니다"라고 응답을 한다. 그런데 이는 단순한 인사가 아니다. 그것은 예배 집례자에 대한 예배 공동체의 승인을 의미한다. 예배 집례자로 나선 사람이 예배를 인도하도록 공동체가 그에게 위임한 사실을 승인하는 절차인 것이다. 이제 개회 예전은 기도만을 남겨놓고 있다.

# 개회 예전의 기도는
# 기도의 기본이다

넓은 의미에서의 기도는 마음속으로 혹은 소리를 내면서, 개인
적으로 혹은 집단적으로, 사적으로 혹은 공적으로 신앙인의 몸
과 마음을 하나님께 향하는 모든 것을 뜻한다. 기도에는 네 가지
측면이 있다. 첫 번째 측면은 하나님을 경배하고 찬양하는 것이
다. 두 번째 측면은 인간의 죄를 인정하고 하나님께 고백하는 것
이다. 세 번째 측면은 인간에게 필요한 바를 하나님께 구하는 것
이다. 네 번째 측면은 인간의 기도에 응답하시는 하나님께 감사
를 드리는 것이다. 대개의 경우 우리는 세 번째 측면만을 기도로
생각하는 경향이 있다. 그러나 청원의 기도는 기도가 지닌 여러
측면 중 하나일 뿐이다.

좁은 의미에서의 기도는 개회 예전의 마지막 순서가 되는 기도를 일컫는 말이었다. 이 기도는 3세기 이후에 도입된 예배 순서로 알려져 있다. 초기에는 정해진 기도문이 없었기에 예배 집례자 또는 참석자들 가운데 한 사람이 자유로이 기도했다. 4세기 말엽 아우구스티누스 시대에는 자유로이 작성된 기도를 사전에 심사했다. 6세기까지 자유 기도의 전통은 이어져 별도의 기도문은 특별한 경우에만 작성되었다.

예전 전통이 강한 가톨릭교회에서는 이 기도를 본本기도라고 번역함으로써 '기본적인 기도' 혹은 '원래적인 기도'라는 의미를 생동감 있게 전달하고 있다. 이 기도는 라틴어 '오라티오 콜렉타oratio collecta'에서 기원하는 것으로 영어로는 콜렉트collect, 독일어로는 콜렉텐게베트Kollektengebet라고 불리고 있다. 주지하는 바와 같이 영어의 콜렉트나 독일어의 콜렉테는 '모음'이라는 뜻을 지니고 있어 헌금 순서로 오인되기도 하지만 사실 헌금을 모으는 일과 전혀 상관없다. 이 순서는 단지 모음 기도인 것이다. 그래서 이것의 옛 이름은 집도集禱다. 그런데 무엇을 모은다는 말인가?

첫째, 공동체의 염원이다. 이런 의미에서 교회의 기도라고 할 수 있다. 여기에서 교회란 넓은 의미의 그리스도교 공동체를 뜻하므로 우리가 속한 개 교회만을 위한 특별 기도를 지칭하는 것은 아니다. 따라서 이 순서는 전 세계의 그리스도인들이 공동으로 관심하고 있는 일에 대한 아룀과 간구를 모아서 드리는 기도 순서인 것이다.

둘째, 오늘의 예배와 관련된 주제들이다. 이런 의미에서 오늘의 기도라고 할 수 있다. 그날의 특별한 간구를 하나님께 요약적으로 아뢰는 기도 순서다. 교회력상의 절기나 절일과 관련된 예배의 주제를 모아서 드리는 기도 순서다.

셋째, 집례자가 목양자로서 보이는 책임과 정성이다. 이런 의미에서 목회적 기도라고 할 수 있다. 예전 전통이 강한 교회들에서 이 기도는 예배 집례자, 곧 목회자에 의해서 드려지고 있다. 하나님의 백성을 위탁받아 섬기는 책임을 지닌 목양자로서의 예배 집례자가 그들이 살고 있는 상황에서 발생된 죄와 모순을 하나님께 고하고 돌보심을 간구하는 기도 순서다.

이렇게 세 가지를 모아 드리는 기도가 집도인데 오늘날에는 '교회의 기도' 또는 '오늘의 기도'라고 불리고 있다. 이런 이유에서 우리는 이 기도를 오늘의 기도라고 부르기로 하자.

오늘의 기도는 형식적인 측면에서 기도 권고, 침묵, 기도, 아멘의 네 부분으로 이루어져 있다. 예배 집례자가 "기도합시다"라고 권유한 다음 침묵이 이어진다. 침묵 부분은 기도 부분 못지않게 중요하다. 집례자의 권고에 따라 회중들은 잠깐 침묵 가운데 하나님 앞에 서 있음을 의식하고 하나님께 간청할 것을 마음속으로 생각한다. 비록 잠깐이나마 예배 참여자들이 하나님의 현존을 생각하고 개별적으로 기도할 바를 생각할 여유는 주어져야 한다.

그럼에도 우리나라 개신교 예배에서는 침묵의 순간이 존재하지 않는다. 어떤 일이 있더라도 '순서는 빈틈없이 계속되어야 한다'는 식으로 순서들이 이어지고 있는데 모든 순서들이 예배의 끝을 향하여 빠르게 달려가는 이런 행태는 지양되어야 한다. 사람들은 무의식적으로 침묵을 갈망한다. 하나님 앞에 서서 조용한 가운데 그분이 말씀하시는 것을 듣고 싶어 하는 것이다. 따라서 오늘의 기도에서 침묵 부분은 생략되어서는 안 된다.

기도 부분은 세 단계로 이루어져 있는데 각 단계는 신학적 내용을 담고 있다. 즉 그것은 하나님을 부름으로써 시작되며, 하나님의 구원 사역이 말씀과 행위에서 계시되었음을 기억하고 영육 간의 문제에 대해 간구하는 중간 부분을 거쳐 삼위일체 하나님을 높이고 찬양하는 것으로 종결된다.

참고로 독일 개신교 예배서에 나오는 오늘의 기도의 예문을 살펴보자. 옛 교회로부터 전승된 언어로 표현한 경우는 다음과 같다. "전능하신 하나님 아버지, 당신께서는 당신의 아들을 세상의 빛이 되게 하셨습니다. 온 세상을 그로부터 나오는 빛으로 채우소서. 그리하여 모든 사람이 당신의 위대함을 경험하게 하소서. 당신과 함께 또한 성령과 함께 살아 계시며 영원히 다스리시는 우리 주 예수 그리스도 이름으로 기도드리옵나이다. 아멘."

이와 동일한 신학적 구조를 지녔더라도 자유로운 언어로 표현된 경우는 조금 다른 느낌을 준다. "삶의 보호자이신 하나님, 당신은 목자로서 당신 피조물을 지키시고, 모든 살아 있는 것들을 당신 보호 아래 두시고 우리를 보호하십니다. 우리에게 아무것도 부족함이 없게 하시고 당신의 고요와 평화 속에 거하게 하옵소서. 우리가 사는 동안 지금처럼 늘 당신을 찬양하고 당신께 영광을 돌리게 하옵소서. 아멘."

기도가 끝나면 회중들은 "아멘" 하고 화답한다. 아멘은 '그렇게 되기를 바란다'라는 뜻을 지니고 있기에 기도의 내용에 대한 회중의 확인과 수용을 의미한다. 회중은 아멘으로 대표자가 드린 기도에 동참하고 동의하며 그것을 자신의 기도로 만든다. 이런 의미에서 아멘은 기도 내용에 대한 회중들의 공동 서명이라고 할 수 있다. 따라서 집회의 분위기와 흥을 돋우기 위해 아멘을 강요하는 것은 전혀 관계없는 맥락에서 회중에게 서명을 강요하는 태도와 다를 바 없다.

여기서 우리는 이런 문제를 제기할 수 있다. 오늘의 기도는 너무 형식적이지 않은가? 부모에게 자신의 마음을 아뢰듯이 하나님께 속마음을 털어놓듯 친근하게 기도하면 되는 것이 아닌가?

오히려 그러한 기도가 더욱 진솔하지 않을까?

물론 오늘의 기도가 자연스러운 기도는 아니다. 오히려 그것은 배워야 할 기도다. 그런데 즉석에서 하는 기도가 형식을 사용하여 준비한 기도보다 더 성령의 감동에 의거한 것이며, 그래서 더 좋은 것이라고 평가하는 태도는 옳지 않다. 기도의 형식은 신앙의 선배들이 쌓아온 지혜의 결과물이기에 결코 폄하될 수 없기 때문이다. 또한 정해진 형식으로 인해 성령의 역사가 제한되는 것이 아니기 때문이다.

공예배에서 하나님을 만나는 예절이 필요하듯이 오늘의 기도에도 형식이 필요하며, 말씀선포가 철저히 준비되어야 하듯이 기도도 준비되는 것이 마땅하다. 준비가 있는 기도는 신앙의 성실함을 보여줄 수 있고 하나님을 향한 무례한 요구를 절제하도록 유도할 수 있다. 그래서 예수께서도 우리에게 정형화된 주기도문을 일러주시지 않았던가.

필자가 이와 같이 오늘의 기도에 의미를 두는 것은 이 기도가 하나님의 선행된 구원 행위에 뿌리를 두고 있는 그리스도교적인 기도의 독특함을 잘 표현하고 있기 때문이다. 이런 오늘의 기도는 그리스도인의 바른 기도가 온갖 종류의 기복적인 간구의 틀을 벗어나고 있음을 보여준다. 그리고 그것은 기도가 길어야 한다는 신앙인의 편견을 깨트려준다.

# 말씀 예전을 통해
# 과거의 신앙 진술은
# 현재의 신앙고백이 된다

세상에는 많은 종교 의례들이 있다. 우리가 드리는 예배도 이런 많은 종교 의례들 가운데 하나다. 그런데 우리의 예배가 이런 일반적인 성격을 넘어서 그리스도교 특유의 예배가 될 수 있는 것은 이중적 관련성 때문이다. 곧 예수 그리스도와의 관련성과 인간의 삶과의 관련성이 그것이다.

예수 그리스도와의 관련성은 예배에서 그의 구원 사역과 부활이 증언됨으로써 확보된다. 또한 예수께서 친히 아버지라 부르신 하나님의 창조 능력과 성령의 역사가 증언됨으로써 주어진다. 따라서 그리스도교의 예배는 하나님의 창조 사역을 찬양하고 증언하며, 예수 그리스도의 죽음과 부활, 그리고 구원을 기억하고 증언하며, 계속되는 성령의 역사를 감사하고 증언하는 것을 그 내용으로 삼아야 한다.

예배에서 예수 그리스도에 관한 이와 같은 성서적 진술이 오늘의 인간 세계의 맥락과 결부될 때 인간의 삶과의 관련성이 생겨난다. 이런 성서적 진술은 현대인들이 구성하는 삶의 콘텍스트에 비추어 재해석되지 않는다면 그야말로 생명력 없는 낡은 교리의 지루한 나열에 머물고 말 것이다. 그러므로 예배에서 예수 그리스도의 사건에 견주어 인간의 삶의 정황을 해석하고 그로부터 신앙적 의미를 도출해내는 일은 필수적이다.

그런데 예배의 순서들 가운데 오래된 신앙적 진술이 인간적 삶의 구체적 상황 아래서 해석되는 부분은 말씀 예전이다. 말씀 예전은 성서 봉독, 설교, 그리고 신앙고백으로 구성된다. 모든 예배의 순서가 하나님의 초대에 대한 인간의 응답이라는 구조로 이루어져 있듯이 말씀 예전 또한 하나님 말씀의 선포와 인간의 고백 형식으로 이루어져 있다. 말씀 예전에서 우리는 성서 봉독을 통하여 하나님의 말씀을 듣고, 설교를 통해 현시대를 향한 그분 말씀의 진정한 의미를 전달받는다. 이에 우리는 신앙고백으로 응답한다.

우리 개신교에서는 성서 봉독 순서에 설교 본문을 봉독하는 것이 일반적이다. 그러나 전통적으로 두세 개의 본문이 성서 봉독 순서에서 읽혔다. 서신서와 복음서, 그리고 설교 본문 또는 구약성서가 봉독되었는데, 이 두세 본문은 서로 연관성이 있었다. 이때 기준이 되는 것은 주로 복음서였다. 오늘날에도 예전 전통을 중요하게 생각하는 교회에서는 세 개의 본문이 봉독되고 있다. 대개의 경우 구약성서, 서신서 그리고 복음서의 순서로 말이다. 성서 본문이 봉독된 후 성가대나 공동체의 응답송이 이어질 수 있는데 서신서 봉독 후에는 사순절 기간을 제외하고는 할렐루야 찬송을 부르는 것이 통례다.

개신교 예배에서 설교의 중요성은 매우 강조되는 반면, 성서 봉독은 설교 본문을 소개하기 위한 보조적 단계로 이해되는 경우가 많다. 성서는 모두가 지니고 있는 책인 까닭에 공예배에서 성서 봉독은 특별할 것도 없는 순서라고 생각될 수도 있다. 그러나 이런 생각은 옳지 않다. 두루 아는 바와 같이 개신교에서 말씀의 중요성은 아무리 강조해도 지나치지 않다. 예배의 경우라고 여기서 예외일 수 없다.

성서는 구원의 역사에 관한 신앙 공동체의 기억을 공유하기 위해 기록된 경전이다. 따라서 성서는 공동의 기억을 지속하기 위해서, 그리고 공동의 기억에 근거해서 현재와 미래의 삶의 정황을 신앙적으로 해석하기 위해서 공예배에서 반복적으로 읽혀야 한다. 더 나아가 성서는 예배 공동체를 단순히 선한 의지를 지닌 사람들의 모임이 아니라 그리스도인들의 공동체로 만들기 위해서도 계속적으로 읽혀야 한다. 이렇게 보면 예배에서 성서를 봉독하는 것은 쉽사리 간과될 수 없는 중심적인 순서라고 할 수 있다.

설교는 회중 찬송과 더불어 종교개혁 이후에 확고한 형태를 지니게 된 예배 순서다. 종교개혁적 전통에 따르면 공동체의 모든 구성원이 말씀 선포의 책임을 지니고 있음에 분명하다. 그런데 우리 개신교에서는 이런 분명한 신앙적 사실이 적용되지 않는다. 그래서 말씀 선포의 과업은 신학적으로 훈련받은 몇몇의 목회자에 의해서만 수행된다. 그러나 이는 종교개혁 전통에 충실한 태도는 결코 아니다. 원칙적으로 모든 교회 구성원들이 설교자가 될 수 있다. 이런 맥락에서 대화 설교나 그룹 설교도 유의미한 설교 형태로 수용되어야 할 것이다.

그런데 설교의 신학적 본질은 무엇인가? 설교가 지금, 이곳에 내려지는 성서적 복음의 선포인가 아니면 성서를 통해 제기된 문제에 관한 신앙적 숙고인가? 설교의 신학적 본질에 관해 지금껏 많은 논의가 있어 왔으나 정답은 여전히 모호한 채로 남아 있다. 여기서 분명한 사실은 설교는 인간의 목소리, 곧 우리와 함께 예배에서 성서의 말씀을 듣고 생각하는 사람의 소리라는 점이다. 하나님의 말씀은 인간의 언어를 통하여 매개되고 표현된다. 그러므로 우리는 그 매개체가 지니는 한계를 인식해야 한다. 그럼에도 하나님은 그 인간적인 한계를 뚫고 우리에게 말을 걸어오신다.

설교 후에 우리도 신앙고백으로 하나님께 응답의 말을 건넨다. 신앙고백문은 초기 그리스도교 공동체의 세례 신앙고백문에 기원을 두고 있다. 예배에 신앙고백 순서가 도입된 것은 5세기 후반 동방 정교회에서였다. 그 후 서방 교회에서도 차츰 신앙고백 순서를 예배에 도입했다. 초기에는 몇몇 축일에만 신앙고백문을 암송했다. 현존하는 신앙고백문으로는 사도신경, 니케아 콘스탄티노플 신경 그리고 아타나시우스 신경을 들 수 있다. 동방 정교회와 로마 가톨릭교회는 니케아 콘스탄티노플 신경을 공식 신앙고백문으로 채택하고 있기 때문에 교회 일치 운동의 입장에서는 니케아 콘스탄티노플 신경의 사용이 권장되고 있다. 지역적 다양성과 사회문화적 상이성에도 불구하고 하나의 신앙고백을 암송하는 것은 교회의 하나 됨을 드러내는 탁월한 상징이라고 할 수 있다.

신앙고백은 하나님을 찬양하는 우리 신앙의 종합적 응답이며 성서 봉독과 설교에서 선포된 복음을 매듭짓는 성대한 아멘이다. 설교를 통해 옛 사람들의 구원 역사가 오늘 여기에서 살아가는 우리 삶과 관련을 맺게 되고, 설교에 대한 응답을 통해 과거의 구원 역사가 오늘의 구원 역사가 됨을 고백하게 되는 것이다. 따라서 신앙고백 순서는 과거의 신앙 진술을 단순히 암송하는 시간이 아니라 오늘의 신앙인이 그것에 대해 신앙적으로 응답하는 시간이다.

세례 받은 신자들만이 참여할 수 있어서 신자들의 예배라고 불리는 성만찬 예전에 들어가기 전에 신앙고백문을 암송하는 까닭은 이런 암송이 신자와 비신자를 자연스럽게 구분할 수 있는 기준이 되기 때문이다. 이런 사실을 염두에 두면 신앙고백이 설교 후에, 곧 말씀 예전을 매듭짓고 성만찬 예전을 시작하는 자리에 놓이는 것은 지극히 자연스럽다.

그렇다면 우리나라 개신교의 예배에서 흔히 목격할 수 있는 바와 같이 개회 예전에 신앙고백이 들어와 있는 경우에 대해서는 어떤 평가를 내릴 수 있는가? 개회 예전에서 신앙고백문을 암송하게 될 때 우리는 예배의 시작부터 세례 받지 않은 예배 참여자들을 배제하는 것은 아닌지 숙고해보아야 한다. 예배에는 이미 신앙고백을 할 수 있을 만큼의 돈독한 신앙을 소유한 자들만 초대받은 것은 아니지 않은가.

더욱이 예배의 흐름상 개회 예전에서 신앙고백은 시기상조가 아닐 수 없다. 개회 예전에서는 아직 그날 예배의 주제가 명료하게 전달되지 않았기 때문이다. 달리 말해서 하나님은 아직 성서 봉독과 설교를 통해 우리에게 종합적으로 응답할 기회를 주시지 않았기 때문이다. 따라서 신앙고백이 개회 예전에 자리 잡고 있는 경우, 이단 사설로부터 공동체를 구별 짓고 차별화해야 할 긴박한 상황이 아니라면, 신앙고백 순서를 뒤로 미루는 것을 긍정적으로 검토해야 할 것이다.

# 설교는 예배를 구성하는
# 한 요소에 불과하다

과거에 설교는 예언자적 선포로 간주되었다. 여기서 예언자적 선포란 야훼의 날에 대한 일방적 선포를 의미한다. 다시 말해서 그것은 설교자가 청중의 이해와 수용 여부에 관계없이 해야 할 말과 하고 싶은 말을 선포하는 것이다.

하지만 오늘날 설교는 일방적 선포라기보다는 쌍방적 사건, 곧 청중과 설교자의 역할을 동시에 중요하게 고려하는 커뮤니케이션communication 사건으로 이해된다. 설교에 대한 이런 새로운 이해는 무엇보다도 설교를 그것이 이루어지고 있는 예배라는 좀 더 넓은 맥락에서 폭넓게 이해하는 신학적 경향에서 비롯되었다.

과거에 예배는 설교를 중심에 놓고 설교의 앞과 뒤에 적절하게 찬송과 기도를 적절하게 배치해둔 의식으로 이해되었다. 따라서 이 경우 예배의 다른 요소들은 그 자체로는 특별한 의미가 없는 것으로서 설교를 위해 존재하는 주변적이고 종속적인 요소로 간주되었다.

반면 예배에 대한 새로운 이해는 설교를 예배를 구성하는 하나의 요소로 이해한다. 예배 안에서 복음의 커뮤니케이션이 일어나고 다른 모든 예배의 요소들과 더불어 설교도 하나의 구성요소로서 이런 커뮤니케이션에 기여하는 것이다.

여기서 우리는 커뮤니케이션이라는 개념을 좀 더 명확하게 이해할 필요가 있다. 보통 의사소통으로 번역되는 커뮤니케이션 개념은 메시지 또는 그것의 의미를 공유하는 행위를 뜻한다. 특정한 상황에서 송신자는 여러 기호들을 통해 메시지를 전달하고 수신자는 자신이 가진 코드를 사용하여 그 메시지의 의미를 해독해냄으로써 의미를 재생산해내는 과정이다. 따라서 커뮤니케이션에서는 단지 메시지 자체뿐만 아니라 메시지를 발생시키는 상황context과 메시지의 의미를 해독하는 코드code, 그리고 메시지를 전달하는 통로channel도 중요하다.

이러한 커뮤니케이션 이론의 핵심을 거칠게나마 예배와 설교에 적용해보면 다음과 같은 이야기가 가능하다. 하나의 완결된 커뮤니케이션 상황으로서의 예배는 설교를 발생시키는 상황이다. 설교는 예배 안에서 발생하는 메시지의 핵심을 전달하는 통로인데 구술적verbal 언어, 곧 음성 언어를 그 매체로 사용한다. 설교를 듣는 청중들은 메시지를 해독하는 과정에서 자신들의 사회문화적이고 신앙적인 배경과 관습을 해석의 코드로 사용한다.

시편 낭송, 성서 봉독, 찬양, 설교, 기도, 고백 등으로 구성된 예배의 전 과정이 복음의 커뮤니케이션이다. 따라서 예배의 전 과정은 설교의 상황으로 기능하며 동시에 설교 또한 다른 예배 구성 요소들을 위한 상황의 한 계기로 작용한다. 따라서 다른 모든 예배 구성 요소들은 설교와 동등한 지위와 중요성을 가지게 된다.

이러한 입장에 따르면 설교만이 유일하게 복음 사건을 선포할 수 있는 것은 아니게 된다. 동시에 설교도 다른 구성 요소들과 마찬가지로 복음의 커뮤니케이션의 전 과정에 참여할 때에만 의미를 지니게 된다. 따라서 설교 없는 예배는 존재할 수 있어도 예배 없는 설교는 결코 존재할 수 없다.

앞에서 여러 번 강조한 것처럼 설교는 예배라는 커다란 커뮤니케이션의 한 구성 요소다. 그러면서도 설교는 그 자체가 작은 커뮤니케이션 과정이라는 점에 우리는 주목해야 한다. 설교가 하나의 커뮤니케이션 과정이라는 것은 설교가 청중을 향한 설교자의 일방적 행위가 아니라 설교자와 회중 사이의 쌍방적 행위라는 사실을 의미한다.

이런 맥락에서 설교자는 커뮤니케이션으로서의 설교를 실행할 때 다음과 같은 점들에 주의해야 한다. 첫째, 설교자는 가능한 한 자유로운 대화체의 어투를 사용할 필요가 있다. 그리고 설교자는 대화의 파트너로서 청중을 고려할 필요가 있다. 이렇게 되면 청중의 반응은 설교자의 행위에 큰 영향을 미치게 된다. 결국 설교자와 청중 사이에는 원활한 상호작용이 생겨나는 것이다.

둘째, 설교자는 말을 들음으로써 이루어지는 커뮤니케이션과 쓰인 글을 읽음으로써 이루어지는 커뮤니케이션을 구별할 필요가 있다. 쓰인 글을 읽는 경우 이해하지 못한 부분은 반복해서 읽음으로 파악될 수 있지만 말을 듣는 경우 한번 이해하지 못하면 커뮤니케이션 과정의 마지막까지 의미를 놓쳐버리고 만다. 그렇기 때문에 설교자는 청중을 배려하는 마음으로 여러 가지의 방법을 동원하여 쉽고 단순하고 반복적으로 설명하도록 노력해야 한다.

셋째, 설교자는 청중과 함께 공감하는 언어를 사용하는 것이 바람직하다. 극단적인 예가 될 수 있겠지만 설교자가 '사랑하는 아버지'에 관한 이야기를 할 경우 어릴 적 아버지로부터 폭행을 당했던 한 여인에게는 그 설교가 어떻게 들릴까? 설교자는 자신이 사용하려는 언어들이 지니는 함축적 의미 그리고 그 언어들과 얽혀 있는 생각 및 감정들 또한 참작해야 한다.

넷째, 설교자는 '무엇을 설교하는가'를 넘어서 '어떻게 설교하는가'에 관심을 가져야 한다. 아무리 좋은 내용이라도 설교자가 청각 효과를 잘못 사용했을 경우에는 청중에게 도달되지 않을 수 있다. 간혹 설교자가 너무 크고 시끄럽게 또는 너무 작고 낮게 말하거나 마이크를 잘못 사용할 경우 설교 커뮤니케이션이 실패할 수 있다.

그런데 예배에서 설교 커뮤니케이션이 자리하는 위치는 어디인가? 설교란 예배 전체를 규정하는 대화를 구체화하는 하나의 행위다. 찬양과 기도에서 드러난 물음과 응답이 설교를 통해 평가와 결단으로 옮겨진다. 예배의 여러 가지 요소 가운데 설교가 지니는 고유함이란 설교가 가장 명료하게 말씀을 선포한다는 데 있다. 다른 어떤 요소에 비해 오늘 예배의 주제를 분명하게 전달하는 데 설교의 특성이 있는 것이다. 설교는 구술적 언어의 장점을 십분 활용하는 예배 요소다.

설교는 예배에서 성서 봉독 다음에 위치한다. 성서 봉독과 설교의 이런 관계는 다음의 두 가지 의미를 지닌다. 우선, 설교는 성서 봉독의 연속을 의미한다. 이는 전승과 주해의 관계에 대한 개신교적인 전통을 수용하여 성서 봉독을 다른 언어적 수단으로 계속해나간다는 뜻이 있다. 설교가 이렇듯 성서 봉독과 붙어 있는 것은 설교자가 말하는 것이 성서와 긴밀한 연관성 속에 있다는 것을 분명하게 해준다. 그다음으로 성서 봉독과 설교가 함께 복음 선포의 핵심을 이룬다는 것을 의미한다. 복음 선포의 핵심 요소로서 이 둘은 예배 참여자들을 신앙고백으로 이끌어주게 된다.

앞에서 필자는 설교만이 아니라 예배의 전 과정이 중요하다는 사실을 누차 강조했다. 이런 사실을 수용할 때 설교자는 자신의 설교만으로 예배의 모든 목적을 성취시키고 예배의 모든 내용을 이해시켜야 한다는 심리적 부담감에서 벗어날 수 있다. 또한 설교를 하나의 하위적인 커뮤니케이션 과정으로 이해할 때 설교자는 청중이 자신을 준비하고 설교를 받아들이는 방식도 중요하다는 사실을 제대로 인지할 수 있다.

# 성만찬은 예수 그리스도를 기억하는
## 독특한 방식이다

우리나라 대부분의 개신교회에서는 설교를 마치면 예배는 거의 끝난다. 뒤에 남은 순서는 헌금과 교회 소식, 그리고 축도다. 주님의 만찬은 자주 행해지는 예전이 아니다. 분기 혹은 월에 한 번 행해지는 예전일 뿐이다. 물론 매주 성만찬을 거행하는 교회가 없지는 않으나 이는 극히 예외적 경우라고 할 수 있다. 대개의 경우 교회들은 성만찬에 대해 거의 잊고 지낸다.

그러나 초대 교회 시절에는 말씀 예전이 끝난 후 항상 성만찬 예전이 이어졌다. 주지하는 바와 같이 성만찬은 가톨릭교회에서 행하는 미사의 중심 요소다. 이와 비슷한 논리로 개신교에서는 말씀 중심의 예배를 드리기 때문에 설교가 예배의 중심이고 성만찬은 예배의 부수적인 요소라고 생각한다. 그러나 이는 오해다. 성만찬은 사실 종교개혁의 전통을 이어가는 개신교 예배에서도 빼놓을 수 없는 예배의 중심 요소이기 때문이다.

하나님의 말씀 사건은 단지 설교라는 형식을 통해서만 일어나는 것이 아니다. 앞에서 필자는 예배가 하나님의 부르심에 응답하는 만남의 사건이라고 이야기했다. 우리는 설교를 통해 하나님의 말씀과 뜻을 전달받고 주님의 식탁을 통해 그 말씀과 뜻을 심화시킨다. 따라서 성만찬은 하나님 말씀의 결핍이 아니라 오히려 그것의 충족이다. 특히 성만찬은 하나님 말씀 중에서도 예수 그리스도와 관련된 말씀을 집중적으로 다루고 있다.

성만찬은 무엇보다도 먼저 예수 그리스도의 지상에서의 삶에 그 뿌리를 두고 있다. 그래서 우리는 성만찬에서 사회적 격차를 뛰어넘는 식탁 교제를 행하고, 먹음이 나눔이라는 신앙적 진리를 가르쳐주신 주님의 삶을 기억한다. 성만찬에 참여하면서 우리는 예수께서 세리, 병자, 소외당한 여성 등과 함께 식탁의 교제를 나눈 사건과 5,000명을 먹이신 사건을 기억한다.

성만찬은 성목요일의 최후 만찬에 그 뿌리를 두고 있다. 그러므로 우리는 성만찬에서 예수 그리스도의 죽으심을 기억한다. 이는 우리에게 이미 익숙한 사실이다. 그래서 보통 우리는 성만찬을 예수 그리스도의 죽으심을 기억하는 사건으로 이해한다. 그리고 이런 맥락에서 고난 주간 성금요일이 성만찬을 거행할 가장 적절한 시기라는 생각을 하게 된다. 따라서 우리의 성만찬은 매우 우울하고 슬프다. 마치 장례식에 온 분위기가 지배적이다.

그러나 그의 죽으심을 기억하는 것은 성만찬의 한 국면에 지나지 않는다는 점을 염두에 두어야 한다. 성만찬을 죽으신 예수를 애도하고 추모하는 회한의 자리로만 만드는 것은 성만찬의 의미를 축소하는 태도다. 왜냐하면 성만찬은 성목요일의 최후 만찬뿐만 아니라 부활하신 주님의 만찬에도 그 뿌리를 두고 있기 때문이다.

〈누가복음〉의 엠마오 이야기에서 부활하신 예수께서는 제자들과 떡을 떼셨고 무지한 제자들이 예수께서 떡을 떼실 때 주님인 것을 알아본다. 그리고 복음서들이 전하는 부활하신 예수의 사역에는 늘 예외 없이 제자들과 함께 식사하시는 일이 따라다닌다. 그러므로 부활하신 예수 그리스도는 떡을 떼는 일, 곧 성만찬과 긴밀히 연관된다.

성만찬은 다시 오실 주님의 만찬에 그 뿌리를 두고 있다. 그래서 우리는 성만찬에서 다시 오실 주님을 기대한다. 주님의 만찬에 참여하면서 마침내 이루어질 하나님 나라의 잔치를 미리 맛보는 것이다. 이 부분은 우리에게 낯설지만 성만찬이 지닌 매우 중요한 국면이다.

그런데 주님의 다시 오심으로 미래에 이루어질 하나님 나라를 성만찬 식탁에서 맛본다는 것은 어떤 의미가 있는가? 성만찬의 의미는 비록 우리가 불의, 억압, 차별 등이 존재하는 현실 속에서 살아가지만 성만찬 식탁에서 우리는 지위, 나이, 재산 등과 관계없이 모두가 한 식탁에서 먹고 마시는 하나님 나라의 이상적인 질서를 맛본다는 데 있다.

그런데 이 미리 맛봄은 현실에서 드러나는 문제들이 지닌 심각성을 인지하게 만들고 이 문제들을 개선해나가도록 동기를 부여하는 실마리가 된다. 우리는 주의 만찬에서 이상적 세계, 곧 하나님 나라를 경험했기 때문에 세상의 문제 상황에 대해 그냥 방관하고만 있을 수는 없게 된다. 여기서 성만찬의 실행과 그리스도인의 사회윤리적인 책임이 연결된다. 성만찬의 이런 특성은 주일 오전에 교회에서 드리는 예배를 일상의 예배와 결합한다. 성만찬이 실행된 예배에 참여한 우리는 세상 속에서 세상의 변화를 위한 노력을 경주하게 되는 것이다.

이렇듯 성만찬은 예수 그리스도의 사역의 모든 차원과 관련이 있다. 이런 맥락에서 우리는 성만찬이 예배의 요소들 가운데 예수 그리스도에 관한 말씀을 가장 집약적으로 전달하는 요소라고 규정할 수 있다.

말씀 예전에 들어가기까지 여러 과정을 거쳤듯이 우리는 성만찬을 위해서도 몇몇의 준비 단계를 거쳐야 한다. 성만찬 예전에 들어가기 위해서는 우리는 무엇보다도 먼저 감사의 예물을 드려야 한다. 역사적으로 보면 봉헌하는 행위는 성만찬과 관련이 있었다. 식사 초대를 받은 사람은 초대한 주인을 기쁘게 하기 위해서 무언가를 가지고 간다. 그래서 우리는 그 무언가를 감사의 예물이라고 부르는 것이다.

그러나 이 감사의 예물은 초대를 가능하게 한 뇌물은 아니다. 우리는 단지 초대에 응답해 우리 소유의 일부가 되는 무엇을 감사와 기쁨의 표시로 내어놓는 것일 뿐이다. 이렇게 드려진 감사의 예물은 다른 사람을 위해 쓰인다. 감사 예물은 신앙을 증거하는 일이나 인간에게 봉사하는 일, 곧 디아코니아에 사용된다.

초대교회에서는 예배 참여자들이 성만찬에 쓰일 빵과 포도주를 감사 예물로 봉헌하면 그것을 그대로 성만찬 식탁 위에 올려놓았다. 4세기 무렵부터 그리스도인의 수가 증가하고 예배에 참여하는 사람들의 수가 증가하면서 성만찬 예전에 쓰일 빵과 포도주뿐만 아니라 자선을 위한 물품과 성직자의 생활을 부양하고 교회의 운영에 소용되는 예물을 봉헌하게 되었다.

그 당시 예배 참여자들은 감사 예물을 봉헌할 때 한 줄로 늘어서서 행렬을 만들어 성만찬 식탁 앞으로 나아갔다. 그런데 행렬

이 길어지자 봉헌송과 같은 예배적 요소들이 생겨나게 되었다. 11세기 이후에는 화폐 제도가 발달하면서 예물 봉헌이 헌금으로 바뀌게 된다. 이때부터 예물을 드리는 행렬도 없어지게 되었고 대신 봉헌 기도가 등장하게 되었다.

감사 예물의 봉헌으로 이제 성만찬으로 나아갈 외적인 준비는 마무리되었다. 그런데 이러한 준비는 그야말로 외적인 것에 불과하다. 따라서 우리가 성만찬 식탁으로 나아가기 위해서는 내적인 준비가 필요하다. 이 내적인 준비에는 두 가지가 있다. 곧 죄의 고백과 평화의 인사가 그것이다.

죄의 고백은 예배의 시작 부분인 개회 예전에 자리 잡고 있는 것이 보통이나 설교 후 성만찬 예전에서도 시행될 수 있다. 성만찬을 위한 내적인 준비의 다른 형태는 평화의 인사다. 평화의 인사는 예배 참석자들 사이에 분열과 시기가 없음을 확인하고 그들 사이에 화해와 화목이 존재함을 상징한다.

◆

# 성만찬 예전은
# 성만찬 기도로 절정에 도달한다

◆

감사 예물의 봉헌으로 성만찬에 들어가기 위한 외적인 준비를
끝내고 죄의 고백과 평화의 인사로 성만찬에 이르기 위한 내적
인 준비를 마치면 본격적인 성만찬 예전이 시작된다. 물론 이런
외적인 준비와 내적인 준비에 이어 곧바로 빵과 포도주를 나누
는 분병례를 실시하는 것은 아니다.

분병례를 시행하기 위해서는 먼저 성만찬 기도를 드려야 한
다. 성만찬 기도는 감사 기도라고도 불린다. 왜냐하면 성만찬 기
도의 중심 내용이 감사이기 때문이다. 감사 기도로서의 성만찬
기도는 3중 대화, 감사 기도, 삼성송三聖頌 Sanctus, 성찬만 제정사,
성령 임재의 기원, 성별, 중보와 교회의 일치를 위한 기도, 영광

송 등으로 이루어져 있다.

성만찬 기도는 집례자와 회중들 간의 3중 대화로 시작된다. 첫 번째 대화는 "주님께서 여러분과 함께하시길 바랍니다"와 "또한 집례자와도 함께하시길 바랍니다"라는 반복되는 인사다. 두 번째 대화는 "마음을 드높여"와 "하나님께 올립니다"로서 우리의 마음을 하나님께 올릴 것을 권면하는 것을 내용으로 한다. 세 번째 대화는 "우리에게 주신 구원의 역사를 기억하며 우리 주하나님께 감사를 드립시다"와 "그것은 우리가 해야 할 마땅한 일입니다"라는 말을 주고받는 것이다.

3중 대화 다음에 이어지는 감사 기도는 하나님께 예수 그리스도 안에서 선물로 주어진 구원을 감사하는 것을 그 내용으로 한다. 이런 하나님의 구원에 우리가 동의한다는 의미로 "거룩, 거룩, 거룩 전능하신 하나님, 하늘과 땅에 가득 찬 그 영광, 지극히 높은 곳에서 호산나"라는 상투스Sanctus, 곧 삼성송이 따라온다. 여기서 상투스란 라틴어로 '거룩하시다' 라는 뜻이다.

상투스는 이사야 6장, 시편 118편 5절과 26절 그리고 마태복음 1장 9절에서 유래한 것이다. 하나님의 거룩하심은 구약성서가 반복적으로 강조하는 하나님의 대표적인 본질이다. 세 번의 "거룩하시다"는 최상급을 나타냄과 동시에 점점 거룩함의 강도를 높이는 표현법이다.

상투스에서 하나님은 온 누리의 하나님으로 표현된다. 보통 온 누리의 하나님은 '만군의 하나님'으로 번역된다. 아무도 저항하거나 이길 수 없는 전능하신 분이라는 의미를 지니고 있다. 이러한 의미는 이사야서의 "온 땅이 그분의 영광으로 가득하다"에서 발견된다. 호산나는 문자 그대로 이해하면 '도움을 주십시오'라고 번역될 수 있으나 상투스에서는 기뻐 외치는 공동체의 환호를 가리킨다. 즉 하나님이 그리스도를 통해 이루신 구원 업적에 감사와 찬양을 드리며 외치는 백성의 부름이라 할 수 있다.

이 대목에서 독자들은 어리둥절할 수 있다. 평소에 독자들이 개신교 성만찬 예전에 참여할 때 삼성송을 한 번도 부른 적이 없었다고 생각할 수 있기 때문이다. 그러나 기억을 더듬어보면 성만찬 예전에서 삼성송이 노래로 불리지 않았을 뿐 삼성송의 가사를 따라 읽은 적이 있었을 것이다.

많은 경우 우리는 의미도 모른 채 집례자와 회중의 순서로 나뉜 대구를 따라 읽느라 삼성송 순서를 정신없이 지나쳤을지도 모른다. 성만찬을 행할 때 우리는 거의 예외 없이 분병례를 향해 돌진했다. 마치 성만찬이 없는 예배에서 거두절미하고 설교를 향하여 돌진했듯이 말이다. 그러나 성만찬 예식에서 삼성송은 필수적인 요소다. 삼성송이 성만찬 기도에 들어온 때가 400년경이라는 사실이 이를 증명한다.

삼성송 다음에 성만찬 제정사가 이어진다. 성만찬의 중심에는 성목요일에 있었던 그리스도의 최후 만찬이 있다. 성만찬 제정사는 이런 최후 만찬에 대하여 이야기하는 것이다. 성만찬 제정사는 이야기로 이루어져 있기에 우리는 이것을 기도로 받아들이기 쉽지 않다.

그러나 히브리 기도 전통을 이해하면 이 문제는 해결된다. 히브리 전통에서는 인간이 하나님의 역사를 반복하여 이야기하면 하나님은 감사를 받고 찬양을 받으시게 된다. 시편 148편의 경우 하나님에 대한 찬양과 이야기가 반복되어 나오는데 이것은 히브리 기도 전통을 명확하게 보여주는 것이다. 이런 전통에서 볼 때 감사 기도 중간에 제자들과 식탁을 함께하셨던 예수에 관해 이야기하는 것은 매우 자연스럽다. 따라서 "잡히시던 밤에……"라는 제정사로 넘어갈 때 우리는 기도를 중단하는 것이 아니다.

성만찬 제정사에는 "이를 행할 때마다 나를 기념하여라"라는 문구가 나온다. 그래서 우리는 성만찬 제정사만이 예수 그리스도를 기념하는 부분이라고 생각할 수 있다. 그러나 단지 제정사뿐만 아니라 이것을 포함한 성만찬 예전 전체가 온통 예수 그리스도와 그를 통한 하나님의 구원 사역을 기념하는 것이다.

그런데 기념이라는 말은 한자어로 '잊지 않고 생각하다'라는 뜻을 가진다. 이런 의미만을 따져보면 성만찬은 머릿속에서만 일어나는 예수 그리스도와 하나님의 구원 사역에 관한 회상일 것이다.

그러나 우리말 기억 혹은 기념에 해당하는 히브리 개념 '아남네시스'는 단지 머릿속에서 일어나는 사유의 과정이 아니다. 그것은 과거의 사건을 회상할 뿐 아니라 과거의 사건을 현재의 사건으로 재현하는 것을 뜻한다. 따라서 우리의 아남네시스를 통해 예수 그리스도의 구원 사역은 단지 과거에 일어났던 사건으로만 한정되지 않고 오늘을 사는 우리에게 생생하고 의미 있는 현재의 사건으로 변화된다. 성만찬 제정사의 마지막 부분에서 우리는 예수 그리스도의 길을 기억한다. 그의 죽음으로부터 부활까지 그리고 다시 오심을 상기한다.

성령 임재의 기원은 성령께서 성만찬 자리에 오셔서 떡을 그리스도의 몸으로, 포도주를 그리스도의 피로 만드시기를 기도하는 순서다. 더 나아가 회중에게도 성령이 오시기를 간구함으로써 성만찬의 전 과정, 곧 떡과 포도주를 봉헌하고 그것들을 성만찬으로 받는 사람들을 거룩한 현실성과 효과로 가득 채우려 하는 것이다. 떡과 포도주를 먹고 마신 회중이 새로운 몸이 되어 그리스도와 한 몸을 이루고, 나아가 회중들 상호 간에 한 몸을 이루기를 원하는 기도 또한 성령임재의 기도가 포함하고 있는 내용 가운데 하나다.

"성령으로 한 몸을 이루게 하소서" 성만찬을 통해 그리스도와 하나가 되고 회중과 하나가 된다는 것은 성만찬을 성도의 교제, 곧 코이노니아로 이해하게 하는 근거가 된다. 이런 의미에서 성만찬은 감사의 잔치인 동시에 성도의 교제다.

성령 임재의 기원으로 일상적인 식탁의 빵과 포도주는 그리스도의 몸과 피로 성별된다. 그러나 성별되는 것은 빵과 포도주뿐만 아니다. 성만찬에 참여한 회중도 그렇게 된다. 성령의 역사는 물질에만 한정되지 않기 때문이다. 그런데 성만찬을 통해 이렇게 성별된 인간은 세상을 변화시키는 성령의 도구가 된다.

이후 중보와 교회의 일치를 위한 기도가 이어지고 영광송이 불림으로써 성만찬 기도는 종결된다. 중보의 기도는 본래 산 자와 죽은 자를 위해 기도를 드리면서 하나님의 주권이 온 누리에 있음을 증언하며 청원하는 순서다. 그런데 개신교의 경우 죽은 자를 위한 기도는 생략하는 경우가 많으며 더욱이 성만찬 실행에서 중보 기도 자체를 지나치는 경우도 빈번하다. 산 자를 위한 중보 기도는 과거 가톨릭 미사에서 사제 개인에게 미사 예물을 봉헌하는 사람들을 배려하는 과정에서 생겨난 순서이기 때문에 종교개혁기를 거치면서 개신교 성만찬에서는 낯선 요소가 되었던 것이다.

# 성만찬은
# 하늘의 식량이다

지금까지 성만찬 예전의 절차들에 관하여 설명했다. 그런데 이런 절차의 복잡성은 우리에게 성만찬이 그리스도인의 먹거리 문제를 해결하는 단순한 식사의 문제가 아니라는 사실을 가르쳐준다. 성만찬 예전에서 그리스도인은 먹고 마시기 위해 온갖 절차를 밟는 것이 아니다. 성만찬 예전의 절차는 먹고 마시는 그리스도인의 가장 일상적인 행위를 신앙적으로 고양시키고 유의미하게 해주는 것이다.

이제 성만찬은 분병례를 남겨두고 있다. 가톨릭교회에서는 이 부분을 '영성체 예식'이라고 부른다. 변화된 그리스도의 거룩한 몸을 모시는 예식인 것이다. 이와는 달리 개신교에서는 '빵을 나누는 예식'이라고 부른다. 예식의 명칭이 이렇게 차이가 나는 것은 두 교회의 성만찬 교리가 다르기 때문이다.

분병례 전에 세 가지의 예식 순서가 진행된다. 그 첫째는 주의 기도다. 주의 기도는 우리가 할 수 있는 모든 기도의 모범이다. 인간적인 한계를 여실히 드러내는 우리의 기도는 주님이 가르쳐 주신 기도로써 완성된다. 분병례 직전에 시행되면서 주의 기도는 식탁 기도의 성격을 획득하게 된다. 그리고 주의 기도를 통해 우리가 실시하는 성만찬이 주의 만찬이며, 식탁의 주인이 주님이라는 사실이 더욱 분명해진다. 이때 주의 기도는 노래 혹은 말로 드려질 수 있다.

그다음으로 평화의 인사가 이어진다. 집례자가 공동체에게 "평화가 여러분과 함께하시길"이라고 인사를 건네면 공동체도 집례자에게 인사한다. 그리고 집례자는 서로에게 평화와 화해의 표시를 건네라고 권면한다. 이런 점에서 성만찬은 우리에게 하나님의 용서를 선물하는 것이다. 일반적으로 우리는 원수 된 사람과 더불어 먹고 마시지 않는다. 그러므로 함께 식탁 앞에 마주앉는다는 것은 용서와 화해를 상징한다. 평화의 인사는 우리가 하나님으로부터 받은 용서를 공동체의 구성원들에게 제공해주어야 한다는 사실을 분명히 한다.

셋째로 성만찬 공동체는 〈아뉴스 데이Agnus Dei, 하나님의 어린양이라는 뜻〉라는 찬양을 부른다. "당신은 그리스도, 하나님의 어린양, 세상의 죄를 지고 가는 하나님의 어린양, 우리에게 자비를 베푸소서. 우리에게 당신의 평화를 주소서." 이것은 대략 700년경 분병할 때 부르던 찬양이다. 개신교 성만찬 예배에서 이 찬양을 불러보았다고 말할 수 있는 독자는 아마도 없을 것이다. 그럼에도 상투스와 마찬가지로 〈아뉴스 데이〉는 멜로디 없이 우리의 성만찬 예식서에 그 흔적이 남아 있다.

분병례는 "오라! 이제 모든 것이 준비되었다. 먹고 보라! 얼마나 주님이 친절하신지"라는 초대의 말씀으로 도입된다. 하나님의 자비를 감각적으로 경험할 수 있는 기회가 바로 이 분병례에서 주어진다.

분병례에서 빵의 종류와 포도주의 음용 방식은 시간이 흐르면서 변화되었다. 처음에는 '마차Matzah'라 불리는, 누룩이 들어 있지 않은 무교병을 사용했으나, 12세기에는 일상적인 식사로부터 뚜렷하게 구별되는 흰색의 얇은 웨하스를 이용했다. 얇은 웨하스형의 성체는 오늘날까지 가톨릭교와 성공회에서 사용되고 있다. 반면 개신교에서는 모든 종류의 빵을 성만찬에서 이용하고 있다.

그리스도교 문화권에서 본래 포도주는 잔치 때 혹은 평상시 매우 가난한 사람들을 제외하면 누구나 마시는 일상적인 음료였다. 그런데 12세기부터 성만찬에서 포도주는 사제단만을 위한 것으로 제한되었다. 그러나 개신교는 포도주 잔을 공동체의 구성원들에게 돌려주었다. 초기 개신교의 경우 공동체의 일치를 상징하기 위해 포도주를 한 잔에 담아 그것을 전체 구성원들이 나누어 마셨다. 그러다가 위생상의 문제가 발생하자 현재는 개별 잔을 사용하기도 하고 혹은 빵을 포도주에 적셔서 먹기도 한다. 개별 잔의 사용은 공동체의 연합을 적절하게 상징할 수는 없지만 빵을 포도주에 적시는 방식보다는 더 낫다. 성서에서 포도주를 마시라고 하지 않았던가.

그런데 우리는 왜 빵과 포도주로 그리스도를 기억하는가? 빵과 포도주는 인간의 노동의 산물이다. 그래서 빵과 포도주로 시행하는 성만찬에서 인간의 노동을 통해 주어진 물질에 대한 하나님의 긍정을 엿볼 수 있다. 이 대목에서 우리는 기독교의 진정한 영성이 가현설假現說, Doketismus적인 것이 아님을 깨닫게 된다. 주님의 몸과 피는 전적으로 영적인 것만은 아니다. 그것은 물질이기도 한 것이다.

재미있는 이야기가 있다. 문화인류학자 마빈 해리스Marvin Harris는 원시 부족이 동물로 희생 제의를 지낸 후 그 고기를 나눔으로써 부족의 구성원들 사이에 동물성 단백질의 재분배가 이루어졌다고 주장한다. 같은 맥락에서 그는 그리스도인의 성만찬

역시 동물성 단백질의 재분배 기능을 상징적으로 드러낸다고 이야기한다.

본래 유대인들이 유월절에 어린 양 고기를 먹음으로써 단백질의 재분배를 실시했는데 그리스도인의 성만찬은 이 희생 제의를 정신적인 뜻으로만 이해하면서 영양가가 별로 없는 빵 조각 의례로 바꾸었다는 것이다. 그래서 그리스도교는 예배에 모였던 사람들이 빈 배를 움켜쥐고 집으로 돌아가지 않도록 해주는 책임감으로부터 마음의 짐을 덜었다는 것이다.

19세기 인류학자들은 인신 희생으로부터 동물 희생의 시기를 거쳐 빵과 포도주에 의한 성찬식에 이르는 발전의 방향 속에서 도덕적 진보의 산 증거를 보았다. 그런데 해리스는 그리스도교가 짐승을 희생 제물로 삼는 일을 지양하게 된 것을 축하하기에 앞서 급속히 팽창하는 인구로 말미암아 인체에 단백질을 공급하는 일도 중단되었다는 사실에 먼저 주목하고 있다.

해리스는 동물을 희생 제물로 삼지 않게 된 것이 실제로 의미하는 바는 종교 행사로서의 재분배 잔치의 종결이라고 본다. 그에게 그리스도교는, 현세적인 후한 선심이 실천되지 않게 되거나 불필요하게 되자 대신 내세의 선심을 택한 여러 종교 중의 하나일 뿐이다. 이는 성찬식에서 우리가 받는 것이 빵이 아니라 고기라면 그리스도교 신앙이 지금처럼 내세적이고 영적인 것만으로 이해되지 않았을 수도 있었다는 사실을 함축한다.

해리스의 이런 분석 결과가 성만찬이 지닌 사회경제적 함의를 부각하는 데 유용하다는 사실은 부정될 수 없다. 그러나 성만찬은 우리의 먹고사는 문제를 해결하는 사회경제적 기능을 수행할 뿐만 아니라 우리의 신앙적 감수성을 고양하면서 신앙 지평을 확장하는 종교적 기능도 담당하고 있다.

이런 점에서 해리스는 성만찬이 지니는 종교적 차원을 간과하고 있다. 신앙적인 측면에서 성만찬은 세상에서 나그네의 삶을 살면서 하나님 나라를 미리 맛보는 신앙 공동체의 구성원들이 세상의 온갖 문제와 씨름하고 일상에서 자기 삶을 강화하는 데 필요한 하늘의 식량이 된다.

# 성만찬 참여는
# 세례를 전제한다

예배학 수업을 듣는 학생들과 함께 가톨릭 미사에 참여한 적이 있다. 미리 미사 절차를 설명했다. 그리고 가톨릭교회에서 세례 받지 않은 사람은 신자로 인정하지 않으므로 개신교 신자는 성만찬 예식에 참여하지 말 것을 간곡히 부탁했다. 그럼에도 함께 참여한 수강생 가운데 호기심이 많은 한 학생이 영성체 예식의 행렬에 줄을 서버렸다. 그리고 가톨릭 신자들이 하듯 오른손바닥을 왼손바닥 위에 가지런히 올려놓고 성체를 받기에 이르렀다.

그런데 그 학생은 장난기가 발동하여 받은 성체를 입으로 가져가지 않고, 앉아 있는 동료들에게 보여주겠다고 성체를 들고 한 손으로 브이 자를 그리며 자리에 돌아오려고 했다. 비신자에게 성체가 배분된 것을 알아차린 신부는 바로 그 학생에게 다가와 성체를 돌려줄 것을 요구했다. 당황한 학생은 신부에게 성체를 돌려주었다. 그리고 미사가 끝난 후 신부님과 학생은 사건의 자초지종을 주고받았다. 이런 사건이 있은 후 예배학 수업에서 수강생들은 누가 성만찬에 참여할 수 있는가의 문제를 가지고 열린 토론을 벌였다.

교회의 역사를 돌이켜보면 세례 받지 않은 사람의 성만찬 참여 문제를 두고 많은 논란이 있어왔다. 비세례자의 성만찬 참여를 지지하는 진영은 성만찬의 개방성을 강조하고 있다. 이 진영은 성만찬을 누구에게나 개방하여 세례를 받지 않은 교인들까지 주님의 식탁에 초대하는 것은 그들로 하여금 교회 문화에 잘 적응하고, 나아가 그리스도의 복음을 자연스럽게 받아들이도록 하기 위함이라고 주장한다.

"모든 분들이 다 의식에 참여할 수 있습니다"라는 선언은 비세례자들에게 비차별적이고 우호적이고 친절한 느낌을 줄 수 있다. 그리고 이런 선언은 개방성을 강조하는 요즘의 사회적 분위기에 잘 어울리기 때문에 교회 안팎에서 큰 대중적 설득력을 가질 수 있다.

그렇다고 대부분의 예배학자들이 성만찬의 개방적 실행에 찬성하는 것은 아니다. 적지 않은 예배학자들이 이에 반대 의사를 분명히 하고 있다. 비세례자의 성만찬 참여에 반대하는 진영의 대표자로 제임스 화이트James White라는 예배학자를 지적할 수 있다.

화이트에 의하면 성만찬에 모두를 초대하는 것은 세례 받지 않은 예배 참여자들을 향한 매우 우호적인 제스처일 수 있다. 그러나 좀 더 냉정히 생각해볼 때 이런 우호적 제스처는 우리가 신앙으로 이끌려고 하는 사람들의 격을 낮추는 것이 된다는 것이다. 왜냐하면 이 경우 신앙에 들어서는 아주 중요한 단계인 회개가 생략될 수 있기 때문이다.

신약성서가 말하는 회개, 곧 메타노이아는 삶의 전부를 흔들어놓는 사건이다. 그리스도교에서 메타노이아는 자신의 살아온 바를 깊이 반성하고, 자신의 과오를 뉘우치고, 지금까지 견지해온 삶의 방향성을 바꾸는 것을 의미한다.

전통적으로 그리스도교가 성만찬 참여의 전제 조건으로 세례를 내세우는 데는 여러 가지 이유가 있을 것이다. 그 가운데 결정적인 것으로 세례에는 이전과 다른 삶을 살겠다는 수세자의 회개가 포함되어 있다는 점을 들 수 있다. 세례 예식을 통해 수세자는 신앙 생활뿐만 아니라 삶의 윤리도 분명히 변화되는 경험을 하게 된다. 그리고 바로 이런 변화 경험이 성만찬 실행의 중요한 의도가 되는 것이다. 그러므로 성만찬을 위한 요청은 세례를 위한 요청, 더 정확히 말해서 회개를 위한 요청이기도 하다.

회개는 한 사람의 신앙 여정에서 가장 중심 되는 사건일 수 있다. 그리스도인이 된다는 것은 자기중심적인 삶의 방향성을 하나님과 이웃중심적인 삶의 방향성으로 대체하는 것을 의미한다. 그런데 이런 대체는 자연스럽게 이루어지지 않는다. 따라서 의지적 결단, 곧 회개 과정이 동반되어야 하는 것이다.

사람들은 첫 번째 데이트를 하고 결혼하지는 않는다. 결혼에 이르기까지는 함께 오랜 기간 사귀면서 구애 기간을 갖고, 상담하고, 그리고 결혼식을 통해 합법적으로 정식 부부로 인정을 받은 후 혼인 관계에 이르게 되는 것이 보통이다. 회개, 세례, 성만찬의 관계도 마찬가지다. 회개를 하고 세례를 받는 것은 그리스도와 한 몸을 이루고, 그래서 다른 신도들과 한 몸을 이루는 성만찬 예식을 거행하기 전에 반드시 필요한 단계가 아닐 수 없다.

우연히 예배에 참석했던 한 사람이 성만찬에 참여하지 못해 소외감을 느껴 더 이상 교회에 나오지 않는 것은 아닐까, 더 솔직하게 말해서 교인이 될 기회를 놓치는 것은 아닐까 하는 불안 감은 우리의 괜한 걱정일 수 있다. 거저 얻어지는 것은 무가치하게 느껴지기 쉽다. 그런 점에서 절차를 밟은 성만찬 참여는 선교에 장애가 되지는 않을 것이다. 오히려 그 반대일 수 있다. 성만찬을 철저하게 신자들의 의식으로 규정하는 가톨릭교회의 신도수가 증가하는 현상이 이를 증명하지 않는가.

현대 예배학자들이 공통적으로 주장하는 바는 개신교 예배에서 성만찬 예전을 회복해야 한다는 것이다. 그러나 예배학자들의 이런 주장과 많은 목회자의 공감에도 불구하고 대부분의 교회 공동체 내에서 성만찬은 매 주일 실행하지 않고 있다. 그 이유는 다음의 몇 가지로 요약할 수 있다.

첫째로 성만찬을 실시하는 경우 예배 시간이 길어질 것이고, 그래서 예배가 지루해질 것이라는 판단을 지적할 수 있다. 그러나 이런 문제는 떡과 포도주를 어떻게 효과적으로 나눌 것인가 하는 방법을 생각해내면 해결할 수 있는 성질의 것이다.

둘째로 성만찬을 자주 시행하는 것이 목회자의 설교가 지닌 비중이나 영향력을 감소시킬 수 있다는 염려를 지적할 수 있다. 그러나 실제로 성만찬이 설교를 더욱 힘 있게 해주는 요소가 될 수 있다. 왜냐하면 성만찬은 언제나 예수 그리스도를 증언하기 때문이다.

셋째로 성만찬을 빈번하게 거행하게 되면 성만찬의 신앙적 의미가 희석되고 그 중요성이 감소한다는 주장을 지적할 수 있

다. 그러나 어떤 일을 자주 한다고 해서 그 의미와 중요성이 줄
어드는 것은 아니다. 더욱이 우리는 식탁에서 음식을 섭취하면
서 몸과 마음에 활력을 불어넣는다. 마찬가지로 우리는 성만찬
에서 주어지는 하늘의 양식을 먹으면서 영혼을 강건하게 하는
것이다.

종교개혁 시대에 있었던 성만찬 논쟁은 주로 성만찬에 주님
께서 어떠한 방식으로 임재하시는가 하는 문제를 둘러싸고 전
개되었다. 여기에서 그 논쟁을 소개할 여유는 없다. 교단에 따
라 차이가 있지만 대부분의 개신교 신자들은 성만찬 식탁에서
먹고 마실 때 주님께서 그 자리에 임재하신다고 믿는다. 즉 그
들은 성만찬을 예수 그리스도께서 친히 임재하시는 사건이라고
고백한다.

그렇다면 예배 공간에서 그리스도 임재의 상징은 어디에 있는
가? 일반적으로 개신교 신자들은 십자가를 그리스도 임재의 상
징으로 받아들인다. 십자가의 고난과 부활을 생각하면서 말이
다. 그러나 그리스도 임재의 진정한 상징은 주의 만찬 식탁이다.
그리스도의 삶, 죽음, 부활을 기억하고 그분의 다시 오심을 선취
하는 자리가 바로 그리스도 임재를 상징하는 것이다.

성만찬 예식과 관련해서 마지막으로 언급하고 싶은 것은 고대
교회 때부터 그리스도인들이 성만찬 후에 감사를 잊지 않았다는

사실이다. 그리스도의 식탁에서 먹고 마신 우리는 감사의 기도를 드린다. '하나님께 감사하라. 그는 친절하시며, 그의 선하심은 영원하리라.'

이로써 성만찬 예전은 막을 내린다.

# 공예배의 마지막은
## 열린 끝이다

성만찬 예전이 없는 예배에서 설교가 끝나면 예배는 빠른 속도로 종착점을 향해 나아간다. 성만찬 예전이 있는 예배의 경우도 성만찬이 끝나면 마찬가지다. 그런데 우리는 성만찬 예전이 끝난 다음부터 최종 마무리까지의 부분을 폐회 예전 혹은 마무리 예전이라고 부르지 않는다. 예배의 마지막 부분은 파송 예전이라고 불린다. 왜냐하면 예배 후 모든 것이 끝나고 예배와 무관한 일상생활이 펼쳐지는 것이 아니기 때문이다. 그리스도인은 예배의 시작으로 하나님의 부름에 의해 세상으로부터 단절된 곳으로 초대되었다가 예배의 종언으로 다시 세상에로 보내지는 것이다.

파송 예전은 세상에로의 보냄을 준비하는 예전이다. 그런데 파송 예전은 개회 예전이나 말씀 예전 혹은 성만찬 예전에 비하면 그 짜임새가 단순하다. 초기 그리스도교에서는 성만찬 예전 이후에 별도의 예식 없이 예배를 마쳐왔던 것으로 보인다. 그 후 4~6세기에 다른 사회적 의례의 영향을 받으면서 파송 예식이 점차 자리를 잡아간 것으로 추측된다. 이렇게 정착된 파송 예전은 광고, 중보의 기도, 파송사 그리고 축도로 구성된다.

광고가 예배 안에 들어가야 하는가 아니면 예배를 마치고 해야 하는가는 예배학자들 사이에 논란이 있는 부분이다. 예배에서 제외해야 한다는 입장은 광고가 예전적인 요소가 아니라는 사실을 전제한다. 이 입장에 따르면 하나님의 부르심에 대한 인간의 응답이라는 예배 이해에 충실하다면 광고는 그저 인간적인 것에 불과하므로 예배 안에 첨가되어야 할 이유가 없다는 것이다.

그러나 필자는 달리 생각한다. 예배가 하나님의 부르심에 대한 인간의 응답인 것은 부인될 수 없는 사실이다. 그런데 이때 그분의 부르심에 인간은 공동체로서 응답한다. 그저 개인으로서 응답하는 것이 아니다. 공예배는 그분의 부르심에 이웃과 함께 응답하는 것이다. 달리 말하면 인간은 하나님 앞에서 이웃과 더불어 예배하는 것이다. 이런 의미에서 예배는 하나님과 인간이 주고받는 수직적 차원만을 지니지 않는다.

예배에서 함께 예배드리는 인간들 사이의 상호 작용은 매우 중요하다. 이를 우리는 예배의 수평적 차원이라 부를 수 있다. 광고는 바로 이런 예배의 수평적 차원을 드러내는 것이다. 따라서 함께 예배드리는 아무개가 무슨 일을 당했는지, 어떤 문제로 중보의 기도가 필요한지 등을 알게 하는 광고가 예배 안에서 행해지는 것은 전혀 문제가 되지 않는다. 오히려 광고는 지극히 예전적이다. 광고는 공동체의 관심사를 공동체에게 널리 알린다는 의미가 있기 때문이다.

광고는 본래 널리 알린다는 뜻의 한자어다. 그런데 광고는 우리 일상적인 삶의 영역에서 지극히 상업적인 활동과 관련되어 쓰이는 말이다. 따라서 단지 널리 알린다는 본래적인 의미보다 소비를 조장하는 말로서 오염되어 있다. 예배에서 광고라는 말을 들을 때 회중들은 자연스럽게 일상생활의 언어 습관을 떠올리게 된다. 따라서 광고는 예전적인 용어로 쓰기에는 적절하지 않다. 광고라는 표현보다 '공동체 소식의 나눔'이라는 표현이 더 적절하다고 생각한다.

성만찬 예전에서 중보의 기도를 드리지 않았다면 파송 예전에서 공동체 소식의 나눔과 연결해서 중보의 기도를 드리는 것이 좋다. 그런데 이런 중보의 기도는 목회 기도의 성격을 띠게 된다.

축도 전에 회중을 그들의 일상으로 인도하는 간단한 파송사를 첨가할 필요가 있다. 파송사의 내용은 공동체를 향한 목회자의 권면으로 이루어진다. 사람을 보내거나 예식을 마감하면서 축복하는 것은 본래 유대인들의 오랜 풍습이었다. 아마도 오늘날 예배의 끝 부분에 놓이는 축도는 이러한 유대인들의 풍습으로부터 유래한 것으로 추측된다. 10세기 전후 예전적인 요소로서 축도가 공식적으로 예배에 들어왔다.

축도는 이제 시작되는 한 주 동안의 삶과 경험을, 그리고 일상의 기쁨과 고통을 하나님의 특별한 보호 아래 두는 것이다. 축도는 주일 예배를 비롯하여 여러 가지 기회에 거행되는 예배 모임들의 해산 때 회중이 세상에 흩어져 각자의 사명을 다하는 데 필요한 하나님의 힘과 은총을 교회가 전달하는 예배 순서다.

일반적으로 축도의 내용은 두 가지 성서 본문에서 유래한다. 그 하나는 민수기 6장 24~26절까지의 말씀, 곧 "주께서 너에게 복을 주시고, 너를 지켜주시며, 주께서 너를 밝은 얼굴로 대하시고, 너에게 은혜를 베푸시며, 주께서 너를 고이 보시어서, 너에게 평화를 주시기를 빈다"이다. 다른 하나는 고린도후서 13장 13절의 말씀, 곧 "주 예수 그리스도의 은혜와 하나님의 사랑과 성령의 사귐이 여러분에게 있기를 빕니다"이다.

축도할 때 공동체의 위임을 받은 목사가 손을 드는데, 이는 안수례의 제스처에서 나온 것이다. 흔히 우리나라 개신교에서는 손바닥을 아래로 향한 채 어깨와 수평이 되게 손과 팔을 들어 축도한다. 그런데 세계 어느 문화권에서나 공통적으로 손등을 보이는 것은 손바닥을 보이는 것보다 부정적인 의미를 내포하고 있다. 손등을 보이며 손바닥을 아래로 향한 채 행하는 축도 방식은 매우 권위적으로 보일 수 있다.

이런 이유에서 손바닥이 회중에게 보이게 어깨 넓이로 벌려서 하는 축도 방식이 예배 갱신 운동을 이끌어가는 학자들에 의해 적극 권장되고 있다. 손바닥을 보이는 것이 좀 더 긍정적인 의미를 지닐 뿐 아니라 하나님의 은혜를 함께 나눈다는 뜻을 표현할 수도 있기 때문이다. 실제로 만인사제설에 근거해서 비공식적인 소그룹의 모임에서 축도는 목사 이외의 평신도에 의해서도 행해지기도 한다. 또한 같은 근거에서 공식적인 예배에서조차 안수받은 목사만이 거룩함을 매개할 수 있다고 믿지 않는 사람들은 예배 참여자들 모두가 공동으로 서로에게 축도하기도 한다.

회중은 축도를 아멘으로 받아들이는데 이는 파송의 사명을 받아들인다는 것을 의미한다. 개신교의 경우 파송 예전은 목사의 축도와 회중의 아멘, 그리고 성가대의 송영으로 구성된다. 반면 가톨릭 미사의 경우 공지 사항과 강복, 그리고 폐회 선언과 함께 "주님과 함께 가서 복음을 전합시다"라는 파견의 말이 더해진다. 그리고 이 파견사에 대해 "하느님 감사합니다"라는 말로 응답하는데 이로써 미사는 완전히 끝나게 된다. 가톨릭 미사의 경우 예배의 의미가 감사에 있음이 더욱 분명하게 드러난다고 할 수 있다.

개신교 예배의 마지막 부분에 아쉬운 점이 있다면 그것은 바로 감사의 표현이 부족하다는 것이다. 아직 욕구가 덜 채워진 아이처럼 계속 더 달라고 보채는 것 같아 보인다. 세상에서 잘 살아갈 수 있도록 힘 주시고 보호해주실 것을 요청하고 또 요청한다. 이런 태도는 '오늘 우리의 예배는 일상으로 돌아가는 우리의 세상살이에 효과적이어야 한다'고 하나님께 강요하는 듯이 느껴진다.

필자 생각에는 개신교 예배에서도 하나님을 높이고 그분께 감사함으로 예배를 마칠 수 있으면 좋겠다. 우리를 초대해준 주인에게 우리는 그 집을 떠나면서 무엇이라 말해야 적절할까? 이 질문에 대한 답을 생각해보면 파송 예전의 마지막이 어떠해야 할지가 떠오를 것이다. "오늘 초대해주셔서 감사합니다. 당신과 환담하며 좋은 것으로 대접을 받았습니다. 정말 만족합니다. 감사합니다." 이런 방식이 되어야 하지 않을까.

흔히 예배는 마치 마치는 것이 목적인 양 착각이 들 정도로 "show must go on (쇼는 계속되어야 한다)"처럼 박진감 있게 진행되기 쉽다. 공예배의 단점이자 장점이기도 한 공동체성이 앞서 가다 보니 예배의 전체 순서에서 개인적인 의미 작용을 일으킬 여유가 없을 때가 많다. 이런 문제점을 해소하기 위해 우리는 축도와 송영 후 다시 자리에 앉아 오르간 후주를 들으면서 그날의 예배를 개인적인 차원에서 정리하고 마감할 필요가 있다.

파송 예전을 끝으로 공예배는 마무리된다. 그러나 이 마지막은 사실 열린 마지막이다. 그래서 우리의 예배는 완전히 끝나는 것이 아니다. 우리의 일상에서 예배는 계속된다. 사람을 만나면서, 일하면서, 먹고 마시면서 우리의 예배는 계속되기 때문이다. 게다가 우리는 늦어도 한 주간 후에 우리의 달라지고 새로워진 경험들을 가지고 다시금 하나님을 부르고, 그분의 말씀을 듣고, 그분의 현존을 경험하며, 더 단단해져 세상에로 파송될 것이기 때문이다. 독자들은 기억하고 있는가. 주일 공예배는 예배 중의 예배이며, 하나님의 뜻을 행하는 우리의 일상적인 삶 또한 예배라는 사실을. 이런 의미에서 공예배의 마지막은 열린 끝이다.

# 예배는 그리스도인을
## 사회화한다

예배는 신앙인의 에토스, 정서, 행동의 방향을 설정해준다. 신앙인은 예배를 통해 일상생활에서 그리스도인이 지켜야 할 윤리적 지침을 얻고 훈련받는다. 다시 말해서 신앙인은 예배를 통해 그리스도인으로 사회화되어 세상 속에서 그리스도교적 신념, 가치, 태도를 지니며 살아가게 된다.

예배학자 단 샐리어스Don Saliers에 따르면 예배와 윤리 행위의 관계는 예배에서 어떤 가치나 덕성이 형성되고 표현되느냐에 따라 다르게 형성될 수 있다. 예를 들어 예배에서 어떤 기도를 드리느냐에 따라 그리스도인은 다른 자기 정체성을 형성할 수 있다. 다른 정체성을 지닌 그리스도인은 세상 속에서 다르게 행동하기 마련이다.

이런 시각을 갖고 현재 우리 사회에서 개신교인들이 사회적 공신력을 상실하게 된 문제를 생각해보자. 개신교인들이 사회적 공신력을 상실하게 된 데에는 여러 가지 이유가 있겠지만 여기서는 그 가운데 결정적인 것 두 가지만 언급하고자 한다.

첫째, 개신교인들이 전반적으로 기복적인 신앙을 소유하면서 사회 문제나 공동체 문제에 관심을 두지 않기 때문이다. 그런데 이런 현상은 한국 교회 예배에서 신앙인들로 하여금 세상의 현실에 직면하지 못하도록 하는 기도가 드려진다는 사실과 연관이 있다.

담임 목사에 의해 수행되는 목회 기도나 교회 원로에 의해 수행되는 대표 기도는 신앙인들의 축복이나 교회 공동체 내부의 필요에 대한 간청을 그 주된 내용으로 하고 있다. 따라서 예배 참여자들은 이런 형태의 기도를 모범적인 것으로 수용하면서 기복적이고 개인적인 기도를 반복하기 쉽다. 그 결과 그리스도인으로서의 자신을 사회 문제와 전혀 무관한 존재로 인식하도록 사회화되는 경향을 보인다.

하지만 본래 개신교에서 말하는 영성은 개인적인 수준에 머무는 것이 아니라 공동체적이고 사회적인 수준에서 발현되는 것이다. 그럼에도 한국 개신교는 영성이 지닌 공공성 혹은 공적인 차원을 배제함으로써 사사화私事化되고 개인주의화된 신앙을 형성해왔던 것이다. 이는 예배나 기도를 통해 개신교인들에게 사회에 반하는 내면적 경건을 훈련시킨 결과이다.

이런 흐름을 바꾸기 위해서 한국 개신교는 중보 기도 순서를 예배 안에 포함시키는 것을 긍정적으로 고려할 필요가 있다. 중보 기도는 예배 참여자로 하여금 사회적 현실을 자각하고 연대 의식을 키울 수 있도록 해준다. 예배에서 마주 대하는 인간 세계의 현실은 개인적인 것이 아니다. 또한 엄밀하게 말하면 예배에서 하나님과 만나는 주체도 개인이 아니다. 예배는 철저하게 공동체적이다. 그런데 여기서 공동체란 개교회의 공동체를 의미하는 것은 아니다. 좁게는 전 세계의 신자들이며, 넓게는 하나님의 피조물로서의 인류 공동체를 뜻하는 것이다.

중보 기도는 그리스도께서 사람들 가운데 계시면서 그들과 함께 그들을 위해 기도하신다는 사실에 근거한다. 중보 기도는 하나님이 고통 받고 있는 인간들과 자신을 동일시한다는 사실을 선언하는 것이다. 여기서 예배 참여자는 중보자 그리스도와 함께 기도하는 존재로서 자신의 정체성을 형성한다. 따라서 다른 이들을 위한 기도가 없는 예배에서는 그리스도인들이 세상에서 하나님의 일을 수행하면서 성화되어가는 길을 발견하기 어렵다.

중보 기도에서 예배 참여자가 사회적 현실을 마주하게 되는 것은 다음의 세 가지 함의를 지닌다. 먼저 중보 기도에서 우리는 다른 이들과 더불어 다른 이들을 위해 기도하는 우리 스스로의 차원과 만난다. 다른 이들을 위한 기도는 우리가 다른 이들과의 관계에서 과연 자신이 누구인지에 대한 이해를 요구하기 때문이다. 이처럼 중보 기도에서 신앙인은 사회 공동체를 구성하고 있는 지체로서 자신의 위상을 깨달을 수 있다.

그런 다음에야 비로소 우리는 중보 기도에서 기도하는 이들과의 연대를 위해서 무엇을 간구해야 하는지를 알 수 있게 된다. 빈곤의 극복, 평화의 조성, 차별의 시정, 부정의의 제거, 정치적 억압으로부터의 해방, 창조 세계의 보전 등이 간구의 주된 내용을 이루게 된다. 우리는 하나님께 이런 문제들을 아뢰면서 다른 이들의 처지를 공감할 수 있는 태도를 지니게 된다.

마지막으로 우리는 중보 기도에서 하나님께 세상의 문제들을 언급하면서 자신의 도덕적 지향성을 획득한다. 중보 기도는 우리가 하나님의 사랑이 추구하는 방향을 지향하도록 신앙적으로 자극한다. 이런 신앙적 자극에 제대로 응답하기 위해 우리는 자아와 교회의 울타리를 떠나고자 노력해야 한다. 이런 노력을 통해 예배 참여자들은 하나님께 진정으로 무엇을 구해야 하는지를 배울 수 있다.

한국 개신교인들은 이런 함의를 지닌 중보 기도를 드리게 될 때 기복적이고 개교회 중심적인 신앙에서 벗어나 사회적인 신앙을 소유할 수 있게 될 것이다. 나아가 세상 속에서 윤리적인 삶을 실천함으로써 예배를 완성할 수 있게 될 것이다.

둘째, 개신교인들이 사회적 공신력을 상실하게 된 까닭은 그들이 배타적이고 호전적인 태도를 지녔기 때문이다. 그런데 이런 사실은 예배를 통해 개신교인들의 배타적이고 호전적인 정서가 형성되었음을 의미한다. 한국 교회 예배의 경우 기도, 찬송, 설교 등에서 호전적인 메타포(은유)들이 빈번하게 사용되고 있다. 그러면서 신앙인들을 정복주의적으로 사회화시키고 있다. 특히 이런 경향은 해외 선교의 현장에서 두드러진다. 한국 기독교는 정복주의적 태도로 인해 피선교국의 지배 엘리트나 전통 종교 세력에게 경계의 대상이 되고 있다.

인지과학자 조지 레이코프George Lakoff와 마크 존슨Mark Johnson에 따르면 정말 중요한 것은 어떤 은유가 참 또는 거짓인가가 아니라 그 은유로부터 비롯되는 지각, 사고, 추론이 어떤 행위를 추동하는가에 있다. 그들에 따르면 우리는 삶의 모든 영역에서 은유에 근거해서 실재를 규정하고 행동으로 나아간다. 우리는 의식적이든 무의식적이든 은유를 통해 우리의 경험을 구성하는 방식을 주조하면서 추론을 하고, 목표를 세우고, 언약을 하고, 계획을 실행한다는 것이다.

이런 맥락에서 보면 "마귀들과 싸울지라, 죄악 벗은 형제여" "십자가 군병들아, 주 위해 일어나" 등의 찬송을 부르는 예배 참여자들은 이런 메타포를 통해 자신도 모르게 자신과 세상을 인지하는 틀을 얻고 그 틀에 근거해서 행동하게 된다고 할 수 있다. 즉 자신을 마귀와 싸워야 할 십자가 군병이며 세상으로 나가서 싸워야 할 전투적 존재로 이해하면서 행동의 방향을 설정하는 것이다. 이때 정복이나 적대의 주된 대상은 세속 사회와 문화, 그리고 비기독교인이다.

이제 한국 교회는 기존의 부정적인 메타포들을 바꾸어야 한다. 앞에서 지적한 바와 같이 한국 개신교인들이 정복적이고 호전적으로 된 것은 우리가 어떤 메타포를 통해 사회화되었는가 하는 물음과 깊은 관련이 있다. 따라서 행동과 태도의 교정을 위해서는 그 행동과 태도를 가능하게 한 메타포의 변화가 선행되어야 한다.

좀 더 구체적으로 예배에서 부르는 찬송, 기도, 설교 등에서 신앙인을 하나님의 군대로 이해하고 악마와 싸우는 존재로 표현하는 메타포의 사용을 자제할 필요가 있다. 대신 온유하고 겸손하고 평화적인 메타포에 근거한 정체성을 형성해야 한다. 이런 새로운 정체성을 통해 한국 개신교인은 좀 더 관용적이고 화해 지향적인 삶을 영위해나가야 할 것이다.

예배 돋보기

2

예배 다시 생각하기

예수 그리스도, 우리의 주님은 비천
한 모습으로 비루한 자리에서 태어
나셨다. 따라서 크리스마스는 이렇
게 지극히 낮은 자의 모습으로 오신
그리스도를 예배하는 날이다. 이런
의미에서 성탄절은 크고 높고 부하
고 화려하고 힘 있는 것과는 전혀
상관이 없다. 성탄절은 '그리스도처
럼 가난하고 힘없는 인간들도 존엄
하다' 는 인권 선언이 이루어지는 날
이다. 빈곤하고 비천한 것이 거룩함
과 고귀함을 담아내는 자리가 되는
날인 것이다.

# 예배 참여자
# 모두가 주체다

'주일主日'이라는 말은 1세기 말에 들어 한 주간의 첫날이라는 의미를 지닌 그리스도교 용어가 되었다. 2세기 중엽 순교자 저스틴Justin Martyr은 자신의 변증문에서 "우리는 주일마다 공동 예배를 드립니다. 왜냐하면 주일은 일주일의 첫날이기 때문입니다. 주일에 하나님은 어둠을 바꾸시고 우주를 만드셨습니다. 우리 구주 예수께서 죽음에서 살아나신 날도 역시 주일입니다"라고 적고 있다.

주일은 세속력으로 따지면 일요일에 해당한다. 일요일, 곧 Sunday는 이교도 용어인 '태양의 날'을 가리키는데 그리스도교에서 이를 수용한 것이다. 초기 그리스도교는 죽음에서 일어나는 그리스도를 떠오르는 태양에 비유했다.

초기 그리스도교 문헌인 바나바 서신은 일요일을 다른 세계의 시작이며 예수님이 죽음에서 살아나신 날로 불렀다. 이를 계기로 그리스도인들은 일요일을 주일을 시작하는 첫날이란 의미를 넘어 부활의 날로 기념하게 되었다.

매 주일은 작은 부활절이다. 그래서 사순절 기간을 계수하는 데 주일은 제외된다. 테르툴리아누스Tertullianus는 그리스도인에게 주일에 무릎을 꿇지 말라고 권고했다. 주일은 슬픔의 날이나 세상에서 종 된 날이 아니라 기쁨의 날이며 해방이 선포된 날이라고 생각했기 때문이리라. 이렇듯 주일이 신앙적으로 의미 있는 날이라면 주일에 그리스도인이 예배를 드리는 것은 당연하고 자연스러운 일이다. 이를 흔히 주일 성수라고 지칭한다.

그런데 문제는 예배에 어떻게 참여하는가에 있다. 일반적으로 예배에서 적극적으로 활동하는 사람은 예배의 집례자와 설교자, 그리고 성가대에 한정되어 있다는 생각이 팽배해 있다. 이런 이유에서 주일 성수를 위해 예배에 참여하는 사람들은 그저 예배에 수동적으로 참여하는 것을 최선으로 여긴다.

그러나 이러한 생각은 잘못된 것이다. 예배에 참여하는 모든 신앙인은 다른 누군가에 의해, 예배 집례자를 비롯한 몇 사람의 전문가에 의해 잘 준비된 예배에 그저 관객으로 참여하는 것이 아니다. 따라서 예배에 참여하는 모든 사람은 각자 자신들의 예배를 드려야 한다.

1960년대 초반에 개최되었던 가톨릭의 제2차 바티칸 공의회에서는 예배 참여자들이 적극적이고 의식적으로 온전하게 예배에 참여할 것을 권장했다. 이런 권고는 개신교에도 많은 영향을 끼쳤다. 그 결과 개신교 예배학에서도 예배 참여자들의 적극적인 예배 참여는 매우 중요한 예배 갱신의 지향점이 되었다. 이런 맥락에서 개신교 예배학은 예배에서 어떻게 평신도들의 참여를 증진시킬 수 있을까 하는 문제를 진지하게 고민하고 있다. 이 문제에 대한 현재까지의 답변은 이러하다.

먼저 예배에 참여하는 사람은 자신이 예배하는 주체라는 의식을 가져야 한다. 그리스도교적 전문가에 의해 예배가 구성된다고 하더라도 예배하는 주체는 참여자 자신이라는 생각을 가져야 한다. 남의 잔치에 그저 '굿이나 보고 떡이나 먹으면 된다'는 식으로 예배에 참석하는 것은 온당치 않다.

또한 예배에 적극적으로 참여하는 길은 예배 구성 과정에 참여하는 것이다. 한국 교회에서 평신도가 예배 구성 과정에 참여하는 경우는 주일 오후 예배 때 각 부서의 헌신 예배를 드리는 때일 것이다. 이런 경우 평신도들은 담당 교역자와 의논하여 각 순서에 담당자를 배정하는 일, 찬송을 고르는 일, 특송을 준비하는 일 등에 참여한다.

이 과정은 매우 단순하게 보이지만 예배 참여자들로 하여금 예배에 적극적으로 참여하도록 훈련하는 데 도움이 된다. 예배 구성에 참여하는 것은 예배를 좀 더 잘 이해하며 예배하는 주체로서의 의식을 실현할 수 있는 매우 좋은 방법이다. 예배 참여자들이 직접 자신들이 드리게 될 예배를 구성하는 것은 차려진 밥상을 받아먹기보다는 직접 일일이 조리하여 밥상을 차려 먹게 되는 것에 비유될 수 있다. 수고스럽긴 해도 이해와 감격의 정도는 남다르지 않겠는가.

물론 하나님의 은총은 인간의 노력 및 수고와 함수 관계가 있는 것은 아니다. 하나님의 은혜는 인간이 노력한 것에 대한 보상으로 주어지는 것이 아니기 때문이다. 그럼에도 불구하고 오랜 시간 동안 정성스럽게 예배를 준비하는 과정은 인간적인 차원에서 예배를 더욱 의미 있게 만들 수 있다. 이런 장점을 놓고 볼 때 예배 구성 과정에 예배 참여자가 참여할 수 있다면 그것은 적극 권장할 만한 일이 아닐 수 없다. 헌신 예배에서뿐만 아니라 성별로, 직능별로 모이는 소모임에서, 그리고 공동체의 각 부별 모임에서도 함께 예배를 구성해보는 것은 어떨까. 이렇게 쌓아 올린 경험들은 주일 예배의 구성과 갱신 과정에 적지 않게 기여할 수 있을 것이다.

앞에서 서술한 두 가지 제안은 예배 참여자 측에서 어떻게 하면 예배에 더 적극적으로 참여할 수 있을까라는 문제를 다룬 것이다. 이외에도 예배 구성자 측에서 예배 참여자들의 예배에의 적극적 참여를 독려하는 방안도 제시될 수 있다.

예배를 예배 집례자의 단독 무대로 전락시키지 않고 참여자 모두가 적극적으로 참여하는 예배가 되게 하기 위한 방안은 예배의 진행 과정 중에 실제로 예배 참여자들이 자주 등장하면서 역할을 맡는 것이다. 성서를 봉독하는 일, 봉헌 기도와 중보 기도에서 역할을 맡는 일 등이 그 예가 될 수 있다.

또한 응답송을 부를 때 성가대에게 그 역할을 일임하지 않고 예배 집례자와 예배 참여자들이 대거리 형식으로 부르는 것도 좋은 방안이 될 수 있다. 그리스도교회의 전통에서는 이 대거리를 안티폰antiphon이라고 불렀다. 안티폰의 사용은 예배 참여자들이 단지 수동적인 구경꾼이 아니라 예배를 함께 이끌어가는 예배에의 적극적인 참여자임을 확인시켜준다.

그 밖에도 쓰인 기도문을 가지고 공동 기도를 드리는 것, 연도 형식의 기도를 드리는 것, 교독 형식으로 성서와 성시를 읽는 것 등이 제안될 수 있다. 연도는 집례자와 참여자가 번갈아가며 기도하는 형식을 말하는데 집례자가 기도의 내용을 언급하고 참여자는 "주여, 우리 기도를 들어주소서"와 같은 문구를 매번 기도의 내용 다음에 반복하여 드릴 수 있다. 혹은 집례자의 짧은 기도에 이어 공동체가 또 다른 내용의 짧은 기도를, 다시 집례자가 기도를 드리고 공동체가 바로 이어서 기도를 드리는 방식도 가능하다.

　더 나아가 예배 참여자들을 말씀 선포에 참여시키는 방법도 있다. 한국 교회의 경우 말씀 선포권은 공동체에 의해 위임된 목사, 준목 또는 전도사에게 주어져 있다. 그러나 이런 관행은 신학적으로 그리 큰 설득력을 갖지 못한다. 하나님 앞에서 모든 그리스도인이 평등하다는 사실과 제도에 의해 주어진 임무와 직책에 상관없이 모든 그리스도인은 하나님의 사제로서 예배하는 주체라는 사실에 근거해서 모든 그리스도인은 공동체로부터 위임받아 말씀을 선포하는 일에 참여할 수 있다. 평신도들은 목회자와 같이 혹은 따로 하나님의 말씀을 증언할 수 있다. 또한 예배를 마친 뒤 그날의 말씀에 대해 토론함으로써 간접적으로 말씀 선포에 참여할 수도 있다.

# 인도자도
# 예배자다

예배는 하나님 앞에서 이웃과 더불어 드리는 행위다. 따라서 예배에는 수직적 차원과 수평적 차원이 모두 존재한다. 이런 두 차원을 고려하면 좋은 예배는 하나님께 우리의 진심을 담아 경건을 표현하는 것일 뿐 아니라 우리의 이웃과 더불어 상호 작용이 잘 일어나는 것이라야 한다.

세속적인 모임에 가서도 느끼는 것이지만 함께하는 이들의 언행을 통해 그 모임이 즐겁기도 하고 지루해지기도 한다. 누군가를 본받고 싶어지기도 하고 거울에 비추어 보듯 자기 자신을 반성하기도 한다. 수업의 경우도 마찬가지다. 함께하는 학생들의 반응에 따라 선생의 강의력은 잠재된 것까지 모두 발휘되는 경우가 있는가 하면 준비된 것조차 전달되지 않는 경우도 있다.

예배라고 예외일 수 없다. 함께 예배하는 신앙인이 어떠냐에 따라 예배의 의미는 달라진다. 여기서 동료 예배자에 대한 그리스도인의 의무나 책임이 주어진다. 우리 신앙인은 서로에게 의미 있는 예배가 될 수 있도록 도와야 한다.

한 예배자에게 다른 예배자가 예배드리는 태도, 모습, 반응은 퍽이나 중요하다. 한 사람의 진실한 예배자의 모습은 함께 예배드리는 다른 이들에게 많은 은혜를 끼친다. 그의 간절함, 신실함, 경건함은 습관적인 참여자인 다른 예배자로 하여금 자신의 모습을 되돌아보게 하고 하나님 앞에서 자신을 깊이 참회하도록 인도한다. 때로 그의 예배하는 모습은 다른 이로 하여금 잃었던 신앙의 첫 마음을 기억하도록 자극하기도 한다.

물론 반면교사 노릇을 하는 예배자도 있다. 예배에의 몰입을 방해하는 훼방꾼도 있는 것이다. 우리는 자신이 다른 예배자의 좋은 예배를 방해하는 훼방꾼은 아닌지 늘 반성할 필요가 있다.

특히 예배를 인도하는 사람들은 더욱 조심스럽다. 예배 인도자, 찬양 인도자, 찬양대, 반주자 등 주로 강단을 중심으로 앞쪽에 위치한 자리에서 예배하는 이들은 자신의 예배드리는 모습이 동료 예배자들에게 영향을 미칠 수 있음을 자각할 필요가 있다. 이를 위해 무엇보다도 먼저 자신이 예배자라는 정체성을 분명히 가져야 한다. 이는 전문가로서 멋진 모습을 연기하도록 연출하라는 말이 아니다. 예배자 스스로가 영과 진리로 예배하라는 것이다.

현란한 솜씨로 예배 찬양을 인도하던 반주자가 성서 봉독 순서에 하품을 하며 고개를 뒤로 젖히고 좌우로 돌리면서 몸을 풀거나 급기야 설교 시간에 졸고 있다면 동료 예배자들이 찬양 시간에 받은 은혜는 그 순간 깨어지고 만다.

물론 그에게도 개인적인 사정이 있을 것이다. 그는 프로 뮤지션으로서 밤새 악기를 가지고 연습했을는지도 모른다. 게다가 이른 아침부터 교회에 나와 예배를 준비했을지도 모른다. 기특하고 칭찬받아 마땅하다. 하지만 그에게도 예배는 단순한 교회 봉사를 넘어선 예배여야 한다. 그도 봉사자가 아니라 예배자여야 한다는 말이다. 분명 그도 이웃과 더불어 예배하는 공동체의 일원이기 때문이다.

찬양대의 모습도 마찬가지다. 찬양이 끝난 뒤 물병을 꺼내 칼칼해진 목을 축이는 찬양대원이 있다면 예배 참여자들이 과연 그 모습을 긍정적으로 봐줄 수 있을까. 예배 중 회중의 시선이 가는 곳마다 회중에게 의미 작용이 일어난다. 자신의 예배자로서의 신실한 모습이 다른 이의 참된 예배를 촉진한다면 참으로 아름다울 것이다.

보여주기 위한 예배를 드리라는 말이 아니다. 진실되게 보이기 위해 애를 쓰라는 말도 아니다. 하나님께 신령과 진정으로 몸과 마음을 드리는 예배자가 되라는 말이다. 예배자의 진정성은 주도면밀한 연기나 연습을 통해서 습득되는 기술이 아니다. 실제로 그렇게 마음가짐을 가져야 가능하다.

예배 인도자나 찬양 인도자는 일반 예배 참여자들에게 없는 재능과 자질을 갖춘 데다 특별한 훈련 과정을 거친 사람들이다. 그들은 자신의 재능으로 생활을 영위하는 전문가다. 그럼에도 그들도 예배 중에는 하나의 예배자에 불과하다. 따라서 예배의 의미 순환 과정을 위해 자신이 전문가적 기량을 갖고 있다는 사실조차 숨길 필요가 있다. 예배에서 정작 중요한 것은 그들의 전문적 능력이라기보다는 예배자로서의 성실함과 하나님에 대한 깊은 사랑과 경배이기 때문이다.

하지만 오해하지 마시길. 필자가 예배에서 예배 인도자나 찬양 인도자의 기량이 전문적일 필요가 없다고 주장하는 것은 아니다. 세속적 공연보다 조금 못한 실력으로 연주하거나 인도해도 상관없다는 말을 하는 것이 아니다. 찬양 인도자나 예배 인도자가 다른 예배자와 마찬가지로 예배 안에 통합되어야 함을 주장하고 싶은 것이다.

빈야드 계열의 찬양 인도자로 이름이 나 있는 앤디 파크Andy

Park는 예배 인도자가 경계해야 할 것 중 하나가 칭찬에 연연하는 일이라고 지적한다. "사역에 초청받는 일은 칭찬이기도 하지만 한편으로는 인격을 시험하는 일이기도 하다. 칭찬은 자아에 호소한다. 예배에 자아를 위한 자리는 없다. 예배 인도를 통해 진실로 하나님을 만날 수 있지만 많은 사람들 앞에 서는 일은 아드레날린의 짜릿함처럼 중독성이 있다."

날카로운 지적이다. 찬양 인도자나 예배 인도자는 자신도 모르는 사이에 다른 사람들의 환호에 도취할 수 있다. 또한 회중을 기쁘게 하려는 욕망으로 괴로워하게 될지도 모른다. 그들은 회중을 기쁘게 하려는 욕망으로부터 자유로운 덕성을 연마해야 한다. 회중이 환호하는 자신의 재능에 담담할 줄 알아야 한다. 그저 자신을 예배의 한 구성 요소를 담당하는 예배자로서 자리매김할 수 있어야 한다.

요즘 새로운 형태의 예배들은 예배 인도자나 찬양 인도자에 의해 철저하게 기획되고 연출되고 있다. 이때 인도자의 역할은 더없이 중요해진다. 그들은 예배 참여자들이 예배를 제대로 드리도록 돕는다. 하지만 이런 과정에서 그들은 단순한 예배 기획자나 연출자로 전락할 위험성이 높다. 게다가 실제의 예배에서도 이런 직업의식이 발휘될 가능성이 낮지 않다. 그렇게 되면 그들은 더 이상 예배 참여자가 될 수 없고 예배드림과 무관한 예배적 타자로 남게 된다.

예배를 진행하는 이들이 생각하는 것처럼 회중은 무지하거나 둔감하지 않다. 예배 참여자들은 예배당 앞쪽에 있는 인도자, 반주자, 찬양대의 일거수일투족을 주시한다. 예배에서 그들의 존재감은 결코 작지 않다. 따라서 예배 인도자나 찬양 인도자는 더 이상 예배를 통해 예배 참여자들을 조종해서는 안 된다. 진심으로 예배에 참여하지 않는 외부적 진행자로 남아서도 안 된다. 회중이 몸과 마음을 통해 하나님을 예배하도록 이끌어내면서 그들과 더불어 자신도 신령과 진정으로 예배해야 한다.

# 문화 수용이
# 능사는 아니다

새해를 맞이하면 그리스도인들은 예배에 빠지지 않고 열심히 참여하겠노라고 다짐한다. 이런 다짐은 주일을 성수하겠다는 것이고 예배에 참석하되 그야말로 몸과 맘을 다해 예배에 성심껏 참여하겠다는 것을 의미한다.

주변의 적지 않은 그리스도인들이 고민을 토로한다. 예배가 신앙인의 의무이기에 마땅히 예배에 참여하기는 하지만 언제부터인가 예배의 감동이 사라졌다고. 아무런 의미 없이 멍하니 앉아 있다가 찬송을 부르고, 말씀을 듣고, 축도 후에 그저 뒤돌아 예배당을 빠져 나와 공동체의 지인들과 반갑게 인사를 나누고, 부서별 활동을 하고, 공동 식사를 나누지만 허탈하기 그지없다는 것이다.

종교 의례는 종교 현상의 핵심인 종교 경험을 표현하고, 나아가 종교 경험을 지속하고 강화하는 통로의 역할을 한다. 이런 이유에서 종교 의례는 종교 공동체에서 그 구성원들의 종교 경험을 유지하는 데 필수 불가결한 요소라고 할 수 있다. 그리스도교의 대표적 의례인 예배의 경우도 예외일 수 없다. 그리스도인은 예배에서 자신의 신앙 경험을 몸으로 표현하고 신앙 경험을 지속해나간다.

그런데 오늘의 한국 그리스도인들이 이런 예배에서 신앙 경험을 지속하고 강화할 수 없다면 정말 큰일이 아닌가. 신앙인 개인에게, 또한 그리스도교 공동체 모두에게 말이다. 그렇다면 상황이 왜 이 지경까지 되었을까?

많은 그리스도인은 예배가 지나치게 형식적이다 보니 그 형식에 너무 익숙해지고 식상해져서 더 이상 감동이 없게 되었다고 지적한다. 그리고 현대 문화는 매우 빠르게 변화하는데 예배는 너무 전통적이어서 구닥다리 같고 시대에 뒤떨어진 느낌이 든다는 것이다. 또한 한국 교회 강단에서 흘러나오는 설교의 내용이 설득력이 떨어져 은혜가 없다는 것이다. 요컨대 예배의 형식성과 구태성, 그리고 설교 내용의 부실함이 예배자들로부터 감동을 박탈하고 있다는 말이다.

신앙인들의 이런 반응에 대하여 예배의 구성을 맡고 있는 목회자들의 고민은 실로 크다. 많은 목회자들은 이런 위기적 상황을 타개하기 위해 기존 예배에 변화를 주는 일에 노력하고 있다. 그럼에도 주일 예배의 참석자가 줄어들게 되는 경우 목회자들은 심한 정도의 초조함과 불안함을 느끼면서 본격적인 예배 갱신을 시도하게 된다.

먼저 문제로 지적된 예배의 형식성에 대해 생각해보자. 이전에 언급했듯이 예배는 하나님과의 만남이므로 최소한의 절차가 필요하다. 그런데 이런 절차가 형식을 만든다. 그리고 이런 형식은 시대의 변화와 교단 간의 차이에도 불구하고 그리스도교 예배의 정체성을 형성한다. 그러므로 예배의 형식성은 필수적이라고 할 수 있다.

문제는 예배의 형식이 유연하지 못한 경우에 발생한다. 다시 말해서 예배의 형식이 즉흥성이나 자발성을 살리지 못할 때 문제점이 드러나는 것이다. 이런 약점을 보완하기 위해 요즘 예배 학계에서는 새로운 예식서와 예배 모범안을 제시할 때 예배자가 즉흥적이거나 자발적으로 자신의 신앙을 표현할 수 있도록 즉흥성과 자발성을 예배 형식 안에 구조화하는 것을 권장한다. 이런 맥락에서 예전 전문가들은 중보 기도, 묵상 기도, 설교에 대한 반응 등과 같은 요소들을 예배 안에 삽입하고 있다.

다음은 구태성에 관해서 생각해보자. 구태성의 문제는 넓은 맥락에서 교회와 문화의 바람직한 관계를 조명하는 과제와 관련된다. 교회가 문화와 어떠한 관계를 지닐 것인가에 대한 입장은 크게 세 가지로 나뉠 수 있다.

첫째는 교회와 문화가 아무런 상관이 없다고 보는 입장이다. 여기서 교회는 섬으로 존재하거나 산 속에 존재한다. 따라서 교회는 세상의 문화와 아무런 관계가 없다.

둘째는 교회가 복음 전파를 위해 문화를 이용할 수 있다고 보는 입장이다. 이 입장은 문화를 수단으로 효율적인 복음의 커뮤니케이션을 꾀하려고 한다. 따라서 여기서는 어떤 문화든 상관없이 도구적으로 사용할 수 있다고 본다.

셋째는 교회와 문화의 관계를 좀 더 개방적인 차원에서 조명하려는 입장이다. 이 입장에서는 교회도 사회 전체의 문화를 구성하는 제도이기 때문에 문화 형성에 기여해야 한다고 본다. 그래서 교회가 문화를 도구적으로 사용하는 태도에 대해 반대하면서 교회와 문화의 상호 대화를 추구한다.

이 세 가지 입장 가운데 요즘 한국 교회에서 가장 선호되는 입장은 역시 두 번째 입장이다. 이 두 번째 입장에서 구태성의 문제를 논의해보자. 두 번째 입장을 지지하는 이들은 시대가 바뀌었고 예배자의 문화적 취향도 변화했는데 예배만 달라지지 않았다고 주장한다. 그래서 예배자들이 예배에서 감동을 얻지 못해 교회 밖의 다른 곳으로 떠나간다는 것이다. 이런 흐름을 저지하기 위해 이 입장이 내놓는 방안은 시대의 문화적 요소를 통해 예배를 갱신하여 교회 밖의 문화와 경쟁하는 것이다. 다시 말해서 문화를 도구적으로 사용하여 예배의 변화를 가져오고, 그 변화가 예배자로 하여금 감동을 불러일으키는 길을 찾는 것이다.

그런데 이러한 해결책을 추구할 경우 예배는 항상 세속 문화의 뒤꽁무니를 쫓아가게 될 위험성이 있다. 실제로 요즘 한국 교회에서 행해지는 새로운 형식의 예배는 온갖 문화적 요소들이 동원된 문화 이벤트라고 할 수 있다.

오늘날의 문화, 특히 대중문화는 엄청난 정도의 자본을 투자해서 형성되고, 대중 매체를 통해 전달되며, 유통 기간이 짧은 것이 보통이다. 이런 측면에서 교회들이 예배의 구태성을 극복하기 위해서 문화적 요소를 도입한다고 할 때 생겨나는 부작용은 그리 단순하지 않다. 교회들이 엄청난 자본과 전문성, 그리고 짧은 유통 기한에 맞추어 빠르게 새로운 예배를 만들어내야 한다면 이는 초대형 교회들만이 문화적 요소를 수용한 새로운 형식의 예배를 구성할 수 있다는 사실을 의미한다. 이런 능력이 부족한 중소 교회의 경우 변화된 예배는 조잡하고 완성도가 떨어지는, 진품을 모방한 키치kitsch와 같은 예배가 되기 쉬울 것이다.

그런데 예배가 세상의 문화와 꼭 경쟁해야 할 필요가 있을까? 예배는 오히려 세상과 대조되는 문화로서의 의미가 있는 것이 아닐까. 예배학적으로 볼 때 예배는 세상 혹은 세상의 문화가 절대적이 아님을 보여주는 대조 상징이다. 예배는 세상의 지배적인 문화를 상대화한다. 신앙은 하나님 앞에서 인간의 절대성을 주장하지 않는 자세를 의미한다. 이런 의미에서 신앙의 힘은 인간 세계를 상대화해준다. 예배는 바로 이런 신앙을 표현하는 행위다. 따라서 신앙인은 예배 행위를 통해 세속 세계와 세속 문화를 상대화하는 대조 세계를 드러낼 수 있어야 한다.

한국 교회는 예배의 구태성을 해결하기 위해 구태여 세속 문화를 쫓아갈 필요가 없다. 세속 문화를 수용한다 하더라도 뒤꽁무니를 쫓아가는 방식으로가 아니라 비판적으로 받아들여야 한다. 우리는 예배의 구태성을 문제 삼기에 앞서 예배가 대조 세계로서의 역할을 제대로 수행하고 있는지를 물어야 한다. 우리는 예배에서 세상과 세상적 가치를 상대화할 수 있는 그 무엇을 경험하고 있는가를 물어야 하지 않을까. 이런 문제의식은 교회와 문화의 관계에 대한 세 번째 유형을 살피도록 우리를 자극한다.

# 문제는
# 다른 데 있다

교회 예배의 구태성에 대한 논의를 계속해보자. 구닥다리같이 느껴지는 예배를 바꾸기 위해서 도구적으로 현대 문화를 수용하는 것이 능사가 아니라면 오늘날 그리스도교회는 어떠한 입장을 취해야 할 것인가? 이 물음에 답변하기 위해 교회와 문화의 관계에 대한 세 번째 입장을 살펴보자.

세 번째 입장은 교회와 문화의 관계를 좀 더 개방적인 차원에서 조명하는 것이다. 이 입장에서는 교회도 사회 전체의 문화를 구성하는 제도이기 때문에 세속 문화의 형성에 기여해야 한다고 본다. 그래서 교회가 세속 문화를 도구적으로 사용하는 태도에 대해 반대하면서 교회와 문화의 상호 대화를 추구한다.

문제는 이 입장이 지향하는 상호 대화다. 교회와 문화가 상호 대화한다는 것은 교회와 문화가 서로를 동등한 대화의 주체로 인정하는 것을 전제로 한다. 다시 말해서 교회가 세속 문화를 비판적으로 수용할 것인가 말 것인가 하는 논의를 전개할 수 있듯이, 세속 문화도 교회에 대해 이러저러한 비판을 가할 수 있다는 것이다. 대화란 어느 한쪽이 절대적으로 옳다는 사실을 전제하지 않는다. 바로 이 대목에서 교회와 문화의 관계에 대한 세 번째 입장은 두 번째 입장과 차이를 보인다.

두 번째 입장에서 교회는 세속 문화를 도구적으로 수용할 수 있다. 교회가 주체가 되어 마음대로 말이다. 따라서 이 입장은 일방적이며 상호성을 배제한다. 여기서 세속 문화는 교회가 포괄하고 초월해야 할 대상 혹은 변혁해야 할 대상으로 머물러 있다. 그래서 교회와 문화의 관계에서 전자는 우월한 심판자인 반면 후자는 열등한 판단 대상에 불과하다. 지금까지 성聖과 속俗의 이분법을 극복하고자 하는 교회와 신학이 세속 문화에 대해 지녀왔던 견해는 대체로 두 번째 입장에 속한다고 할 수 있다.

세 번째 입장은 교회가 문화를 비판적으로 검토하듯이 문화도 교회를 비판적으로 검토하는 것을 수용한다. 이 입장은 교회에서 형성되는 문화가 전체 문화의 일부임을 분명히 하면서 교회 문화가 전체 문화의 고양과 성찰에 기여해야 한다는 점을 강조한다. 이를 위해 교회 문화는 세속 문화를 비판적으로 성찰하면서 세속 문화와는 다른 대조 세계를 보여주는 데 주력한다. 반대로 세속 문화는 교회에서 생산되는 문화가 우월한 위치에 서고자 하는 유혹을 비판하면서 교회 문화가 전체 문화 속에서 수행해야 할 고유 임무, 곧 대조 세계의 구성을 충실히 수행하고 있는지를 점검해준다.

이런 세 번째 입장을 예배의 구태성과 관련지어 보자. 교회의 예배는 세속 문화와 경쟁 관계에 놓이지 않기 때문에 교회로서는 세속 문화를 따라잡아야 할 이유가 없다. 오히려 교회의 예배는 전체 문화를 구성하는 부분 문화로서 전체 문화 속에서 나름의 역할을 수행한다. 따라서 빠른 속도로 변화하는 세속 문화의 현란함에 비추어 예배의 구태성을 탓할 이론적 근거는 존재하지 않는다.

이런 맥락에서 우리 그리스도인은 예배의 구태성을 문제 삼기에 앞서 예배가 전체 문화의 지형도에서 고유의 역할을 제대로 수행하고 있는지를 물어야 한다. 방금 이야기했듯이 그리스도교 예배의 고유의 역할은 세속 문화를 상대화할 수 있는 대조 세계를 보여주는 것이다. 따라서 우리는 예배에서 세속의 논리와 가치를 상대화할 수 있는 그 무엇을 경험하고 있는가를 물어야 한다. 예배는 그리스도의 복음에 비추어 세속 문화의 질주를 의심의 눈으로 바라보며 세속 문화가 유일한 삶의 양식이 아닐 수도 있다고 하는 성찰을 가하면서 다른 삶의 가능성, 곧 대조 세계를 제시하면서 전체 문화의 다양성을 촉진해야 한다.

그렇다면 예배의 구태성은 전혀 문제 되지 않는 것일까? 물론 문제가 된다. 그런데 무엇이 구닥다리인가? 필자가 보기에 구태성이 문제가 되는 것은 미디어가 아니다. 오히려 콘텐츠다. 오늘의 교회에서 구성되는 예배를 관찰해보면 미디어 부문에서는 첨단을 달리고 있음을 어렵지 않게 확인할 수 있다. 실제로 멀티미디어와 전자 악기의 사용에서 오늘의 교회는 타의 추종을 불허하지 않는가.

그런데 콘텐츠 부문에서는 어떤가? 교회는 예나 지금이나 그리스도의 복음을 표어만큼이나 단순화된 교리의 틀 안에 가두어 놓고 그 교리를 절대 불변의 고갱이로 간주한다. 이렇게 예배의 콘텐츠가 구태의연한 것이다. 이런 이유로 인해 교회에서 실행되는 예배가 전체 문화의 고양에 기여할 수 있는 가능성이 봉쇄되어 있는 것이다.

그러고 보면 예배의 구태성은 시대 문화의 도구적 수용, 첨단 미디어의 수용으로 극복될 수 있는 문제가 아니다. 오히려 그것은 예배가 현대인의 인생관이나 가치관을 형성하거나 변화시키는 과정에 지속적으로 참여함으로써 극복될 수 있는 것이다. 그리고 이런 참여를 가능하게 하기 위해서 세속 문화와의 대화가 필요한 것이다. 이런 대화를 통해서만이 교회는 현대인들의 의미 지평과 생활 세계, 그리고 문화적 어법을 이해할 수 있다. 그리고 그럴 때야 비로소 그리스도교의 교리가 지닌 배타성과 경직성, 그리고 단순성을 극복하면서 오늘의 그리스도인에게 호소력 있는 콘텐츠를 갖출 수 있을 것이다.

예배에서 감동을 느낄 수 없는 세 번째 이유로 거론되는 것은 설교 내용의 부실함이다. 설교의 내용은 예배의 콘텐츠를 구성하는 주요한 요소다. 따라서 위에서 언급한 바와 같이 설교의 내용이 단지 과거에 형성된 교리의 반복이 아니라 현재를 살아가는 그리스도인에게 복음의 의미를 재해석하려는 진지한 노력을 통해 형성되어야 한다.

그러나 교회 현실을 보면 이런 노력은 거의 발견되지 않는다. 그렇다고 모든 책임이 설교자에게만 있는 것은 아니다. 본디 설교는 커뮤니케이션의 과정이다. 커뮤니케이션은 쌍방 간의 의사소통을 전제로 한다. 성공적인 커뮤니케이션을 위해서는 전달자와 수용자 양측이 애를 써야 한다. 아무리 탁월한 내용이라도 수용자가 받아들일 의사가 없는 상태에서 커뮤니케이션은 실패로 귀착되기 때문이다.

예배에 감동이 없게 된 정황에 대해 신앙인이 제시하는 이유들에는 예배 구성자 측의 문제만 고려되어 있을 뿐 예배 참여자 측의 문제는 배제되어 있는 점이다. 이에 필자는 의심의 눈초리를 거둘 수 없다. 혹여 이런 식의 분석 방식에는 예배 구성자는 종교 상품의 공급자이고 예배 참여자는 소비자이기 때문에 공급자가 소비자의 종교적 욕구에 맞는 상품을 개발하여야 한다는 경제주의적 관점이 녹아 있는 것은 아닐까. 그렇게 되면 예배를 통해 형성되는 문화는 대조 문화가 아닌 모방 문화로 전락하게 되지 않을까.

이제 왜 예배에 감동이 없는지를 묻는 예배 참여자는 좀 더 진지하고 솔직해져야 한다. 나에게도 문제가 있다는 것을 시인해야 한다. 그럴 때 더욱 현실적인 해결 방안을 찾을 수 있다. 오늘의 예배 참여자에게 하나님을 찾는 갈급함이 상당한 정도로 약화되었다는 것은 부인될 수 없다. 그리고 이로 인해 우리가 드리는 예배가 역동성을 상실하고 있음도 거부될 수 없는 사실이다. 그러나 삶의 조건이 열악한 곳이나 세속화의 정도가 심하지 않은 곳에 처해 있는 예배자들은 오늘 우리 신앙인들에게 형식적이고 무미건조해 보이는 예배에서도 여전히 감동을 경험하고 있다. 그렇다면 오늘의 예배가 감흥이 없어진 결정적인 이유는 우리 신앙인들의 종교적인 동기가 약화된 사실에 있는 것은 아닐까.

# '열린 예배'는
# 교정 행위다

필자는 앞에서 예배와 세속 문화의 관계에 대해 이야기했다. 처음 의도는 예배 갱신의 문제를 직접 다루려는 것이었는데 오늘날 예배 갱신 문제는 문화 수용 문제와 관련되어 있는 까닭에 논의가 문화와의 관계 문제로 가지를 치고 말았다.

이제 본격적으로 예배 갱신의 화두로 돌아가보자. 대부분의 목회자들이 예배를 갱신해야 한다는 당위감에 눌려 있다. 이런 상황에서 소위 '열린 예배'가 예배 갱신의 문제를 단번에 해결할 수 있는 도깨비방망이로 등장하고 있다. 오늘날 예배가 지닌 문제로 지적되었던 유연하지 못한 형식성, 현대 문화를 수용하지 못한 구태성, 현대인에게 호소하지 못하는 설교 내용의 진부

함 등을 해결할 수 있는 예배로 열린 예배가 떠오른 것이다.

필자가 유학을 마치고 귀국했을 때 주변의 그리스도인에게 예배학을 공부했다고 말하자 그들은 열린 예배와 같은 새로운 예배를 만들어내는 것이 예배학이냐고 질문했다. 그들은 예배학에는 문외한이었지만 오랜 교회 생활을 통해 많은 새로운 시도들과 프로그램을 섭렵한 처지라서 당시 처음으로 시도되던 열린 예배가 예배학의 결과물이라고 생각했던 것 같다.

열린 예배는 미국의 윌로크릭 교회를 비롯한 몇 개의 교회들이 불신자들로 하여금 심적인 부담 없이 교회의 문턱을 넘을 수 있도록 고안한 구도자 예배에서 유래했다. 그런데 이 예배 형태가 그 유래를 미국의 구도자 예배에 두고 있다고 하더라도 우리 사회에 도입되어 열린 예배라는 이름으로 자리를 잡게 된 데는 한국 사회의 특수한 사회문화적 분위기가 크게 영향을 미쳤다.

1990년대 이래로 한국 사회에서는 사회 체제와 정치 이데올로기를 문제 삼는 거대 담론보다는 여성, 환경, 인권 등을 다루는 미시 담론이, 정치와 경제 문제보다는 문화 문제가 선호되고 있다. 또한 한국 사회의 민주화는 급속도로 진행되어 정치 부문에서뿐만 아니라 사회의 각 부문에서 그 결과물을 내놓고 있다.

이런 가운데 민주화 이후의 세대는 이전의 세대와 여러 면에서 차이를 보이고 있으며, 심지어는 대립적인 경향까지 보이고 있다. 거칠게 표현하면, 민주화 이후의 젊은 세대는 이전 세대와는 달리 감성에 의해 지배받고, 직접적인 체험에 의한 학습을 선호하며, 탈정치적이며, 문화에 대한 관심이 매우 크다. 이전 세대와 질적으로 다른 젊은 세대의 등장으로 한국 사회는 세대 간의 갈등을 첨예하게 안게 되었던 것이다.

이러한 사회문화적 분위기에 대한 교회 측의 대응이 바로 열린 예배의 형태로 나타난 것으로 판단된다. 일반적으로 예배의 갱신은 한편으로 교회가 처한 외부의 사회문화적 환경의 변화와 갈등의 문제에 대처하기 위해 이루어진다. 다른 한편으로는 교회 내부적으로 이전의 예배가 공동체 구성원들에게 더 이상 의미 작용을 일으킬 수 없을 때, 그래서 공동체가 활력을 잃고 침체 상태에 빠져 있을 때 논의되고 실행된다.

이렇게 보면 열린 예배의 등장에는 사회문화적 변화라는 교회 외부적 요인뿐만 아니라 교인의 수, 특히 청년층 교인의 수가 정체되고 있는 교회 내부적 조건도 한몫을 거들고 있다고 볼 수 있다. 성장의 한계에 봉착하여 해결 방안을 모색하고 있던 교회들이 열린 예배의 도입으로 그 위기를 타개하려 했던 것으로 파악된다.

인류학자 빅터 터너Victor Turner는 사회의 변화로 인해 어떤 공동체가 위기 상황을 맞게 될 때 그 위기 상황의 확산을 방지하기 위하여 그 공동체의 지도자 또는 대표적인 구성원들이 일련의 교정 행위를 수행한다고 주장한다. 이런 교정 행위는 다양하게 발생할 수 있다. 예를 들면 공식적인 법률적 조처가 교정 행위로 발현될 수 있고, 비공식적이나 개인적인 차원에서의 중개나 조언도 교정 행위가 될 수 있다. 또한 공공의 영역에서 행해지는 의례도 전형적인 교정 행위로 간주된다.

이런 터너의 주장에 기대보면 요즘 유행하고 있는 열린 예배는 전 사회 부문의 민주화를 비롯한 사회문화의 변화, 그리고 교회 내부적 침체 문제에 대응하는 한국 교회의 교정 행위로 발생했다고 규정할 수 있다. 그런데 이런 교정 행위로서의 열린 예배는 전통적 예배와 다른 몇 가지 특징을 지니고 있는데 그 대표적인 것은 다음과 같다.

첫째, 열린 예배는 예전서에 따른 고정적인 형식을 고집하지 않고 예배 순서를 자유롭게 나열한다. 찬송, 기도, 말씀을 기본 구조로 하되 드라마와 인터뷰를 삽입하고 전통적 예배에서 볼 수 없었던 예배의 요소들을 새로이 개발하여 예배를 구성한다. 열린 예배 옹호자들은 전통적 예배가 고정적인 순서를 고집하여 생동감을 잃어버렸다고 주장한다. 따라서 예배가 생동감을 회복하기 위해서 기존의 예배 형식으로부터 자유로운 새로운 예배가 필요하다는 것이다.

둘째, 열린 예배는 예배의 축제성을 회복하는 것을 목표로 한다. 예배는 부활의 기쁨을 나누는 공동체가 여는 축제인데 기존의 예배는 너무도 근엄하게 드려져서 부활의 축제라는 성격을 상실했다는 것이다. 따라서 축제의 의미를 회복하여야 한다는 것이다. 이에 열린 예배는 축제적 분위기를 북돋울 수 있는 예배 공간과 예배 음악을 마련하고자 한다. 특히 예배 음악의 사용에서 탈전통적인 경향이 두드러지는데 이전의 예배에서 사용되지 않았던 현대적 악기를 사용한다. 드럼, 앰프, 기타, 신시사이저 등의 대중음악의 악기가 선호된다.

셋째, 열린 예배는 평신도의 참여를 독려한다. 전통적 의미의 성가대는 없어지거나 축소되고 찬양 그룹이 예배의 모든 음악을 이끌어간다. 찬양 그룹은 예배 인도자와 설교자의 역할에 버금가는 중요한 역할을 담당하고 있다. 그런데 평신도로 이루어진 찬양 그룹이 예배에서 차지하는 비중이 커진 것은 예배 인도에서 평신도의 참여율이 높아진 현상으로 볼 수 있다. 또한 평신도의 적극적 예배 참여를 권장하는 의미에서 열린 예배 중에 예배 참여자 개인의 신앙을 표현하도록 권유하는 순서가 들어 있는 경우도 있다. 평신도의 적극적 참여를 확대하기 위해 열린 예배는 예배당의 구조까지도 바꾸어놓았다. 높고 접근이 불가능하던 강단들은 마치 연극 무대처럼 낮고 넓어졌다.

넷째, 열린 예배는 다양한 매체를 사용한다. 전통적 예배에서는 설교를 통하여 말씀이 전달되는 단일한 방식을 채택하는데 반해 열린 예배에서는 영상 매체, 연극, 상징물 등을 사용하여 메시지가 전달되는 다양한 방식을 추구한다. 열린 예배 옹호자들은 어린이 책일수록 그림이 많듯 예배에서 불신자들을 위해서 그림, 드라마, 영상 등을 많이 준비한다.

다섯째, 열린 예배는 일상성을 회복하려고 한다. 다시 말해서 예배에서 일상생활과의 관련성을 드러내려고 한다. 기존의 예배에서는 세속적 삶과의 단절이 분명하게 일어나고 전혀 다른 현실이 경험되면서 예배와 일상이 서로 분리되는 경향이 있다. 반면 열린 예배에서는 참여자들이 처해 있는 삶의 상황이 구체적으로 서술되고 세속 사회에서 통용되는 언어와 표현이 사용된다. 이런 과정을 거치면서 열린 예배는 일상적 삶의 영역과 구별된 종교적 차원을 추구하기보다는 일상성과 종교성을 결합하기위해 노력한다.

# 여성 예배는
# 대안 예배다

20세기 후반에 들어 여러 형태의 신학이 등장했다. 라틴아메리카의 해방신학, 우리나라의 민중신학, 서구의 정치신학, 아프리카의 흑인신학, 여성신학 등이 그것이다. 이 가운데 여성신학은 1960년대의 여성 억압적이고 성차별적인 사회 상황과 그 상황을 비판하고 저항하는 여성해방운동을 배경으로 등장했다. 내용적으로 여성신학은 전통적 신학에 내재된 성차별적인 편향에 대한 비판으로 시작되었다. 여성신학은 이런 비판을 기초로 해서 신학적 전통들을 여성해방적 관점에서 재해석하려고 한다. 나아가 여성신학은 남성 중심적인 가부장적 교회 제도와 질서를 새롭게 재편하고자 한다.

여성신학의 이런 의도나 관점은 전통적 신학과는 다른 이론적 결과물을 가져왔다. 기존의 신학들이 형성했던 여성에 대한 성차별적 인식과 그 인식의 재생산을 비판하고, 성서를 여성의 경험에 근거해서 재해석하고, 전통적 신학에 의해 가려졌던 이야기들을 발굴해내면서 여성신학은 새로운 신앙 내용을 형성하기에 이른다.

앞에서 언급한 바와 같이 교회 공동체의 신앙 내용이 재해석되어 변화되면 이전의 예배는 그 설득력을 잃게 된다. 전통적 예배는 단지 기존의 신앙 내용을 표현할 뿐 재해석되어 새로워진 신앙 내용을 온전하게 표현할 수 없다.

사회적으로나 교회적으로 여권이 신장되면서 교회 공동체의 신앙 내용이 변모하고 있다. 또한 여성신학의 활발한 전개를 통해 그리스도교 전통 내에서 감추어져 있던 신앙 전승들이 새로이 발굴되면서 기존의 신앙 내용을 변화시키고 있다. 이런 이유에서 근자의 교회 공동체는 변화된 신앙 내용을 담아낼 수 있는 새로운 예배, 곧 여성 예배를 구성하기에 이른 것이다.

일반적으로 여성 예배는 새로운 예배적 시도 가운데 가장 진보적인 것으로 평가받는다. 여성 예배는 일차적으로 여성에 대한 잘못된 이미지를 수정하는 것을 목적으로 한다. 전통적 예배에서 표현되는 여성 이미지는 대체로 여성에 대한 남성이나 교회의 기대를 반영한다. 이런 여성 이미지는 여성들이 생각, 비평 능력, 목표 등이 없는 존재로서 다른 이들을 돌보는 일을 하는 사람으로 고정되어 있다.

이것이 여성에 대해 잘못 형성된 이미지임은 물론이다. 여성 운동과 여성신학은 이런 그릇된 이미지를 참된 이미지, 즉 지능과 강인함을 가지고 행동하고 이 세계를 형성하는 데 다양한 방법으로 참여하는 인간의 이미지로 대체하고 있다. 따라서 여성 예배는 이런 이미지를 표현하고 강화함으로써 하나님의 형상을 지닌 여성의 존엄성을 증진하려는 목적을 가진다. 이런 목적을 지닌 여성 예배는 다음과 같은 특징을 보인다.

첫째, 여성주의적 예배는 비차별적 언어를 사용한다. 비차별적 언어의 사용은 여성주의적 예배를 구성하는 매우 중요한 요소다. 왜냐하면 언어는 남성과 여성의 역할에 대한 사회의 다른 기준을 구체화하는 데 일조하기 때문이다. 개인은 한 집단의 언어를 배우면서 그 집단의 표상과 상징을 내면화한다. 특히 종교적 상징과 표상은 역사적으로 개인의 성별 역할 개념을 형성하는 가장 중요한 근거의 하나로 존재해왔다.

전통적 예배에는 성별에 따른 차별뿐 아니라 인간의 차별을 유발하는 언어 표현들이 많이 존재한다. 거기에는 장애인, 외국인 노동자 등을 차별하는 표현들이 있는데 이러한 표현들은 예배 안에서 이런 사회적 약자들을 소외하고 모든 인간들로 하여금 이들에 대한 그릇된 이미지를 갖게 하는 데 일조한다.

이런 문제점, 특히 여성을 차등시하는 문제점을 해결하기 위해 여성주의적 예배의 주창자들은 예배에서 차별적 언어 표현들을 제거하고 비차별적 언어들을 사용할 것을 제안한다. 여성들은 사회적으로나 생리적으로 남성들과는 다른 경험을 갖고 있다. 그런데 이런 경험을 무시하고 남성 중심적 언어를 사용하는 것은 여성의 정체성이 남성 존재를 나타내는 개념으로 축소되고 왜곡되는 것이다. 따라서 여성주의적 예배에서는 성차별적 언어의 사용이 철저하게 배제된다.

요즘 여성주의적 예배에서는 단지 비차별적 언어를 사용하는 것에 그칠 것이 아니라 '확장된 언어expansive language'라는 접근법을 사용하여 성서, 전통, 신앙 체험에서 나온 다른 은유들을 발굴함으로써 이미지의 범위를 확대하려는 노력이 이루어지고 있다. 이는 하나님을 남성적으로 그린 모든 언어를 없애는 것이 아니라 이것들을 포괄하면서 하나님에 대해 한층 넓어진 이미지를 보여주는 시도로 볼 수 있다.

둘째, 여성주의적 예배는 신앙 표현의 통전성을 지향한다. 여성주의적 예배는 몸을 사용한 신앙 표현을 중요시한다. 여성신학은 전통적으로 여성의 육체를 겨냥해서 이루어진 그리스도교의 강한 육체 혐오를 비판하고 여성의 몸이 지니는 본래적인 의미와 가치를 밝혀내어 그 몸의 경험을 새로운 신학적 토대로 삼아야 함을 강조한다.

여성주의적 예배는 이런 논의를 수용하여 육체를 중요한 것으로 인정하고 그것을 영적인 경험의 매체로 자리매김하고자 한다. 이를 위해 여성주의적 예배는 인간의 육체 및 오감에 이성 및 청각과 동등한 권위를 부여한다. 이런 근거에서 여성주의적 예배에서는 구술적 언어verbal language 외에 비구술적 언어nonverbal language의 사용이 권장된다. 그래서 여성주의적 예배는 몸짓, 의복, 공간, 음악 등을 중요하게 고려한다.

나아가 여성주의적 예배에서는 이런 표현 수단들을 사용할 때에 다양성과 평등성을 지향한다. 여성주의적 예배는 잊힌 사람들의 음악, 여러 장르의 음악, 다양한 악기를 이용하는 음악 등은 선택하지만 사회적 약자를 업신여기는 음악, 다른 사람들을 의도적으로 배제하는 음악 등은 거부한다. 또한 몸짓이라는 표현 수단을 사용할 때에도 여성주의적 예배는 수평적 몸짓을 강조한다. 왜냐하면 수평적 몸짓은 평등과 상호 의존성을 나타내기 때문이다.

셋째, 여성주의적 예배는 잊힌 여성들의 이름과 이야기를 복원하려고 한다. 전통적 예배들은 대부분 남성에 관한 이야기에 초점을 맞춘다. 수천 년 동안 예배에서 미리암, 사라, 하갈, 레아, 라헬 등 성서에 등장하는 여인들의 이름이 실종되었다. 게다가 이들 여성은 죄와 유혹의 근원으로 언급되기까지 한다. 여성주의적 예배는 기존의 예배에서 여성의 이름이 실종되고 여성의 이야기가 잘못 해석됨으로써 여성들에게 행위의 규범이 되는 신앙의 모범을 제거하고 있다는 사실에 문제를 제기하면서 성서 속에 나타나고 있는 여성들을 발굴해내어 새롭게 해석한다.

넷째, 여성주의적 예배는 모든 예배자들의 적극적 참여를 강조한다. 대부분의 가부장적 사회들에서는 예배를 비롯한 사회의 모든 의례에서 한 사람 또는 소수의 남성이 하나님과 인간들을 중개한다. 하지만 여성주의적 예배는 어떤 엘리트 그룹만이 신성한 권위와 능력을 가진다는 인식을 거부한다. 물론 여성주의적 예배에도 예배를 구성하고 준비하는 사람들이 있기는 하지만 이들에게 특권이 주어지는 것에는 반대한다. 왜냐하면 특정한 존재가 하나님에 관한 특별한 지식이나 하나님의 거룩함을 지닌 것처럼 보여서는 안 되기 때문이다.

그렇다고 여성주의적 예배가 안수받은 목사들을 배척하는 것은 물론 아니다. 목사 안수의 유무와 상관없이 예배하는 모든 사람이 필수적임을 강조하려는 것이다. 예배자들은 하나의 공동체를 이루고 예배 안에서 서로 교제하며 하나님과 상호 작용을 한다. 따라서 리더십은 전통적 예배에서 한 사람이나 한 엘리트 집단에 전유되었던 것과는 달리 모든 예배자에 의해 공유된 권위로서 재조정된다.

다섯째, 여성 예배는 여성만을 위한 배타적인 예배가 아니다. 여성 예배는 모든 인간의 경험들과 하나님의 현존 사이의 관계를 새롭게 표현한다. 이런 점에서 여성 예배가 비록 여성들에 의해 동기화되고 문제 제기되었음에도 불구하고 여성 예배는 궁극적으로는 여성만이 아니라 모든 인간을 위한 것이라는 사실이 분명해진다.

여성 예배의 최종 목적은 단순히 전통적인 남성 중심적 예배와 맞서는 것이 아니라 그것을 지양하는 것이다. 여성 예배는 전통적 예배에서 결여되었던 예배의 차원들이 새롭게 발견되고 강조되는 대안적 예배이다. 따라서 여성 예배는 기존의 예배 형식과 구조를 전적으로 파괴함으로써, 그리고 극적인 효과를 극대화하기 위해 지나치게 낯선 구성 요소들을 도입함으로써 전통적 예배와 구별되는 것은 결코 아니다. 오히려 여성 예배는 앞에서 언급한 특징을 구현함으로써 기존의 예배와 차별화되는 것이다.

요즘 대형 교회를 중심으로 여성 예배가 크게 유행하고 있다. 이 여성 예배들은 수요 예배를 여성들이 참여하기 편한 시간대로 옮겨서 행해지며 여성적 정서를 반영하고 있다. 하지만 이 여성 예배들은 그야말로 이름만 여성 예배이기 쉽다. 앞에서 누차 강조한 바와 같이 여성 예배가 태동되게 된 삶의 자리와 문제 제기에 동의하지 않고 그 특징들을 구현하지 않는 한 진정한 대안 예배로서의 여성 예배가 성립될 수 없다. 무늬만 갖춘 여성 예배보다는 여성주의적 관점이 관철된 진정한 여성 예배가 드려졌으면 좋겠다.

# 유아 세례는
# 꼭 필요하다

유아 세례는 아기의 탄생으로 새로이 시작된 인생의 단계에 그리
스도교적인 의미를 부여하는 성례전이다. 그런데 이런 유아 세례
에 관해서 교단에 따라 신학적 입장이 다른 것이 현실이다. 거칠
게 말해서 이런 신학적 입장들은 크게 두 가지로 요약될 수 있다.

하나는 성령에 의한 내적 체험과 이에 근거한 신앙적 결단을
강조하는 입장이다. 이 입장에서는 유아가 신앙적으로 결단을
할 수 없으므로 유아 세례에 반대하는 경향을 보인다.

다른 하나는 하나님의 은총은 인간의 신앙적 결단과 관계없이
선재先在, 곧 먼저 존재한다는 입장이다. 이 입장에서는 유아의
신앙적 체험과 결단에 우선하여 하나님의 은총이 존재하기 때문

에 유아 세례에 찬성하는 경향을 보인다.

유아 세례의 허용 여부를 둘러싼 교리학적인 논쟁은 매우 오랜 역사를 지니고 있으며 많은 교리학적인 이슈들과 맞물려 있기 때문에 평면적인 고찰을 통해 유아 세례의 유효함이나 불가함이 쉽게 정해질 수는 없다. 그러나 그렇다고 해서 계속되는 교리학적인 논쟁들이 가져다주는 결과를 막연하게 기다릴 수만은 없다. 왜냐하면 목회 현장에서 만나는 그리스도인들은 대부분 유아 세례에 관한 신앙적 욕구를 지니고 있기에 목회자들은 이런 욕구에 어떤 형태로든 응답해야 하기 때문이다.

유아 세례는 아기의 탄생과 그로 인한 부모의 삶의 변화와 관련이 있다. 아기의 탄생으로 부모는 이전과는 극명하게 대비되는 다른 삶을 살게 된다. 특히 아기의 탄생을 몸으로 체험한 어머니의 경우 더욱 큰 변화를 경험하게 된다.

여성에게 출산은 단순히 신체적 경험만이 아니라 정신적 상호작용 및 인지 과정에 영향을 끼치는 총체적인 경험이다. 그래서 분만 이후 산모 상태가 이전 상태로 회복되기까지의 기간인 산욕기는 모성으로서의 새로운 역할이 부가되고 책임이 가중되는 생의 전환기라고 할 수 있다. 이런 이유에서 산욕기는 혼란되고 불안정한 시기인 것이다. 실제로 이 시기에 전체 산모의 50~70 퍼센트가 산후 우울증에 시달린다고 한다.

이러한 혼란은 어머니로서의 자아 정체성을 확립하는 것과 해당 여성을 사회적으로 지지해주는 것을 통해 극복될 수 있다. 그러므로 교회 공동체가 출산과 어머니 됨의 신앙적인 의미를 밝혀주는 것은 어머니로서의 자아 정체성을 형성하는 데 도움을 줄 수 있다. 더 나아가 교회 공동체는 해당 여성에게 자녀 양육의 지침이 될 만한 사항들을 알려주고 어머니 됨을 공식적으로 공표하면서 그녀를 사회적으로 지지해줄 수 있다.

그런데 이때 교회 공동체는 유아 세례를 실시하면서 이런 자아 정체성 확립과 사회적 지지를 좀 더 강화할 수 있다. 여기서 유아 세례는 통과 의례적인 성격을 지니게 된다. 문화인류학자 아르놀 방주네프Arnold Van Gennep에 따르면 통과 의례란 장소, 상태, 위치 그리고 나이의 변화에서 오는 혼란과 위기를 감소해주고 새로운 삶의 단계로의 통합을 용이하게 해주는 의례를 의미한다.

유아 세례식에서 수세자인 유아가 어머니로부터 세례 집례자에게 넘겨지게 되어 있다. 이런 과정을 통해 어머니는 유아와의 분리를 상징적으로 경험하게 된다. 그리고 세례의 도구가 되는 물도 이런 분리를 강조한다. 세례수가 지닌 상징적인 의미는 무엇보다도 세정이다. 전통적으로 그리스도교의 세례에서 물을 사용하는 것은 무언가를 씻는다는 것을 의미한다. 유아 세례의 경우도 예외는 아니다.

그렇다면 유아 세례에서 물을 가지고 씻어내는 것은 무엇인가? 그것은 어머니의 양수다. 유아 세례에서 양수와 세례수는 상징적으로 대립적인 의미를 지닌다. 그래서 유아 세례 이전까지 양수에 속해 있었던 아이는 세례수로 양수를 씻음으로 해서 어머니와 분리된다. 그러면서 유아는 하나님의 창조 세계에 단독적 개체로서 통합된다. 이렇게 해서 세례수는 어머니로부터의 분리와 하나님의 창조 세계에의 통합을 이루는 상징적 도구가 되는 것이다.

유아 세례를 통해 아이가 어머니로부터 분리되어 독립적 개체가 되었다는 사실은 어머니에게 적지 않은 심리적 위안감을 제공한다. 왜냐하면 이런 분리 관계를 통해 어머니는 아이와의 관계에서 오는 양육의 지나친 부담감에서 놓여날 기회를 얻게 되기 때문이다.

일반적으로 우리는 자신에게 종속되어 있는 존재에 대해 단독적으로, 그리고 전적으로 책임을 져야 한다. 그러나 자신에게 종속되어 있다가 자신으로부터 분리된 존재에게는 그럴 필요가 없다. 그런 존재에 대해서 우리는 공동적으로, 그리고 부분적으로 책임지면 충분하다. 유아 세례에서 유아에 대한 어머니의 책임이 경감되는 경우가 마치 이런 상황과 같은 것은 아닐까.

그러나 이런 책임 경감을 책임 회피로 이해해서는 곤란하다. 유아에 대한 책임이 줄어들었다는 것이 책임이 아예 없어졌다는 사실을 의미하지는 않기 때문이다. 이를 극명하게 드러내는 행위가 세례 집례자가 수세아를 어머니에게 다시 넘겨주는 순서다. 이런 순서를 통해 어머니는 하나님으로부터 세상에서 어머니로서의 역할을 위임받게 된다. 이때 어머니는 세상에서 신앙으로 유아를 양육하는 보호자의 역할을 지니게 된다.

이로써 어머니와 유아는 분리되지 않은 배타적 관계에서 분리되고 인격적인 독립적 관계로 완전히 전이된다. 즉 '내 새끼' 라는 자식에 대한 소유적 사고로부터 놓여나서 '하나님의 자녀' 라는 새로운 존재에 대한 신앙적 인식을 갖게 되는 것이다. 그러면서 어머니는 자식에 대한 부담과 집착으로부터 벗어나 하나님 자녀의 양육을 위임받은 자유로운 어머니로서 새로운 정체감을 형성하게 된다.

이렇게 보면 유아 세례는 어머니에게 매우 중요한 의례가 아닐 수 없다. 이런 맥락에서 필자는 기회가 있을 때마다 유아 세례가 꼭 필요함을 주장해왔다. 물론 수세자의 주체적 결단을 강조하는 목회자들이나 신학자들로부터 많은 비판을 받아왔음도 사실이다. 그러나 이제 유아 세례에 관한 전통적 시각을 바꿀 필요가 있다.

현재 유아 세례의 유효성을 인정하지 않는 교단들에서는 헌아식을 거행하고 있다. 헌아식은 그리스도교 신자의 자녀 출산과 양육에 대한 신앙적 의미를 되새기는 의식을 가리킨다. 그런데 말로만 헌아식이지 실제 내용을 보면 유아 세례가 갖고 있는 신앙 상징적 의미를 고스란히 지니고 있다.

헌아식을 베푸는 교단들은 신학적으로 유아가 의지적으로 신앙적 결단을 할 수 없기 때문에 유아 세례 대신에 헌아식을 베푼다고 이야기한다. 그러나 헌아식이 아기의 탄생으로 인해 생겨나는 삶의 혼란기에 신앙적 의미를 부여하고 싶은 그리스도인의 욕구를 수용하고 있다는 점에서 헌아식과 유아 세례는 차이점을 찾기 어렵다. 이런 의미에서 헌아식도 유아 세례와 마찬가지로 신앙인의 일상적 삶과 관련성을 갖고 있는 일종의 통과 의례로 볼 수 있다.

사정이 그러하다면 그리스도교에서 전통적으로 내려오는 유아 세례라는 용어를 굳이 피할 필요가 있을까. 좀 더 근원적으로 예배학이 유아가 주체적으로 신앙적 결단을 내릴 능력이 없다는 교리적 진술에 굳이 매일 필요가 있을까. 실천신학으로서의 예배학이 가장 중요하게 고려해야 할 사항은 정형화된 교리적 진술이 아니라 현대인이 일상 세계에서 겪고 있는 종교적 욕구가 아닐까.

# 문화적 취향에 따라
# 예배도 다르게 드릴 수 있다

앞에서 이야기한 바와 같이 '열린 예배'는 탈전통적, 축제적, 참여적 예배를 추구하고 다양한 매체를 사용하면서 일상성을 회복하려는 특성을 지닌 예배다. 이런 의미에서 우리는 여성 해방을 강조하는 페미니스트들의 여성 예배, 미국 윌로크릭 교회의 구도자 예배에 기원을 두고 있는 찬양 예배, 그리고 예배의 토착화 논의의 결과물로서 한국 문화적 예배를 열린 예배로 간주할 수 있다.

그런데 현재 교계에서는 열린 예배라는 개념을 윌로크릭 교회식의 찬양 예배에만 한정하고 있다. 그 이유는 무엇보다도 여성 예배와 한국 문화적 예배의 경우 저변이 확대되지 않아 소수의 사람들에게만 알려진 예배이기 때문일 것이다.

윌로크릭 교회식의 찬양 예배를 보급한 이들은 자신들의 찬양 예배를 '열린 예배'라고 지칭했다. 게다가 이 찬양 예배는 대형 교회를 중심으로 확산되면서 교계의 이목을 집중시켰다. 이런 요인들이 배경이 되어 구도자 예배에 기원을 두고 있는 찬양 예배만이 열린 예배로 간주되고 있다.

여성 예배 및 한국 문화적 예배와 찬양 예배의 차이점은 신앙 표현의 도구가 되고 있는 문화적 요소를 선택하는 취향이 다르다는 데 있다. 여성 예배는 가부장적 문화와 그 문화를 뒷받침해 주는 지배적인 에토스에 대항하는 문화적 요소를 사용하고 있다. 예를 들면 여성 예배는 문화 운동 계열의 곡이나 전통 가락 찬송을 선호한다. 이런 문화적 취향은 대중적으로 유행하는 통속적인 문화에 반대하는 대안적인 것이다. 반면 찬양 예배에서는 철저하게 현대적이고 대중적 취향의 문화 요소들을 신앙 표현에 사용하고 있다.

그럼에도 여성 예배와 찬양 예배는 전통적 예배를 탈피하려고 노력한다는 점에서 공통적이다. 더 나아가 축제성, 참여성, 매체의 다양성, 일상성을 추구한다는 것도 양자의 유사점이라고 할 수 있다. 한국 문화적 예배와 찬양 예배의 관계에서도 마찬가지다.

여성 예배, 한국 문화적 예배, 찬양 예배를 포괄하는 의미의 열린 예배는 예배자들의 문화적 욕구에 맞추려는 시도를 한다. 예배당 건물의 외관이나 내부를 예배자들의 취향에 맞게 설계한다. 또한 예배 중에 사용되는 음악도 예배자들의 취향에 맞게 선택한다. 전통적 예배가 고전 음악을 사용했다면 열린 예배는 현대의 대중적인 음악을 선호한다. 예배에서 드라마를 보여준다든지 또는 멀티미디어를 사용하는 것도 현대인의 문화적 기호를 고려한 것이다. 열린 예배의 이런 추구는 침묵과 명상을 특징으로 하고 차갑고 친밀감이 없는 전통적 예배를 대화가 있고 수평적 친교가 있는 예배로 갱신하려는 시도로 볼 수 있다.

그런데 열린 예배는 실제로 교회 현실에서 큰 효과를 거두고 있지만 신학적으로 온전한 그리스도교 예배로 인정받기에는 부족하다는 평가를 받고 있다.

예배학자들 가운데 많은 이들이 열린 예배가 갖고 있는 몇 가지 문제점들을 열거하고 있다. 국내에서 수행된 열린 예배에 대한 학문적 논의에서는 열린 예배와 구도자 예배의 관련성이 언급되고 있다. 곧 구도자 예배가 신앙 경력의 정도에 따라 구도자 중심 예배, 구도자 민감 예배, 방문자 친절 예배, 신자 중심 예배 등으로 구분되듯이 그에 영향 받은 열린 예배도 대상에 따라 구분되어야 한다는 것이다.

또한 열린 예배가 생동감이 있고 감격적인 예배를 추구하면서 지나치게 감정적이 된다는 것도 문제점으로 지적되고 있다. 예배자들을 지적, 의지적, 감성적 성향으로 분류할 때 열린 예배는 이 가운데 감성적 성향의 회중만을 대상으로 하고 있다는 것이다.

나아가 예배를 지나치게 특정 연령대 예배자의 취향에 맞춘 것이 아닌가 하는 의문이 제기되고 있다. 그리고 열린 예배가 전통적 신앙 유산을 소홀히 한다는 지적을 받는다. 더욱이 열린 예배의 문화관에 대해서도 우려가 표명되고 있다.

열린 예배가 세속 문화의 개혁자가 아니라 그 추종자가 될 수도 있는 현실에서 흥행성을 바탕으로 한 상업주의나 세속 문화로부터 예배의 본질을 어떻게 지켜나가느냐 하는 문제가 제기되고 있다.

이런 지적 가운데 가장 대표적인 것으로 열린 예배가 기독교의 예배 전통으로부터 많이 벗어나 있다는 점을 들 수 있다. 그러나 필자가 보기에 이런 비판은 적실하지 않다. 앞에서 언급했듯이 열린 예배는 전통적 예배가 아님에 분명하다. 그러나 그렇다고 하더라도 열린 예배가 기독교적이 아니라고 단언할 수는 없다. 왜냐하면 전통적 예배나 그것에 대한 이해만이 기독교적인 것이 아니기 때문이다.

1960년대 이후 세계 교회는 예배 갱신에 관심을 가지면서 예배에 대한 새로운 이해들을 제시하기 시작했다. 전통적인 예배학적 관점에서 예배는 예수 그리스도를 통한 구속 사건의 재현인 동시에 인간에 대한 하나님의 봉사와 하나님을 위한 인간의 봉사로 이해되었다. 그리고 이러한 예배 이해의 토대 위에서 예배에 대한 새로운 해석들이 시도되었다. 예배를 그리스도의 부활을 축하하고 구속함을 받은 인간들이 만끽하는 기쁨의 축제로 이해한다거나 하나님께서 인간을 위해 마련해주신 하나님 나라의 잔치를 미리 맛보게 하는 행위로 이해하는 것이 그 예가 될 것이다.

세계 교회는 이러한 새로운 예배 이해들에 근거하여 예배를 새롭게 구성하기에 이르렀다. 그래서 전통적이지는 않지만 각각의 사회문화적 조건에 진지하게 반응하고 심도 있게 성찰하는 가운데 형성된 새로운 신학적 함의를 지닌 예배를 구성하고 있다.

전통적 예배가 오랜 세월을 통과하면서 형식적으로나 신학적으로 더 정교하게 다듬어진 것이고 우리에게 친숙한 것임에는 틀림없다. 그러나 전통적 예배도 오늘날에 이루어진 신학적 성찰에 근거해서 재검토해보면 완벽한 예배 형태라고 평가될 수 없다. 오히려 열린 예배가 예배 인도자와 예배 참여자의 권위주의적 분리를 극복하기 위해 예배의 공간 배열을 전통적 예배의 경우와 차별화하고 있다는 점에서 현대 신학의 성찰을 충실히 반영한 예배라고 볼 수도 있다.

의례학자들의 연구에 따르면 모든 종류의 의례는 그 본성상 변화에 둔감하고 개혁에 적대적이라고 한다. 이러한 의례의 본성은 기독교의 예배 안에도 고스란히 남아 있다. 예배에 참여한 사람들은 자신에게 익숙한 예배 형태에서 안정감을 느낀다. 그렇기 때문에 주일 예배의 순서 하나가 바뀌거나 예배 순서를 지칭하는 표현 하나가 달라져도 예배 참여자들은 혼란을 느끼기 쉽다.

'열린 예배'를 수용하기 꺼려하는 이들의 관점은 이런 혼란과 관련이 있다. 그러나 동시대인들에게 의미 있는 예배가 되기 위해서는 예배 전통뿐만 아니라 예배자의 문화적 상황도 고려해야 한다. 이런 의미에서 예배의 형태는 상황의 산물인 것이다. 따라서 예배가 변화된 사회 현실과 그에 따른 사회 구성원, 특히 젊은 세대들의 변화된 의식 세계를 반영하지 않는 것은 분명 바람직하지 않다.

진정한 예배란 무엇인가? 이 질문에 대한 모범 답안은 성서에 이미 나와 있다. "영과 진리로 예배를 드리려 한다"(요 4:24)는 것이 그것이다. 그런데 한 기독교인의 신앙적 진정성을 표현하는 방식이 다른 기독교인의 그것을 드러내는 방식과 동일시될 수 없다. 개개의 기독교인은 문화적 성향에 따라 신앙을 다르게 표현하기 마련이고, 그래서 시대와 지역에 따라 각자의 예배를 다양하게 구성할 수 있는 신앙적 권리와 자유를 가지고 있는 것이다.

# 묵상의 예배는
# 힘이 있다

예배 갱신 문제를 이야기하면서 필자는 열린 예배에 관해 여러 차례 언급했다. 그러나 열린 예배가 예배 갱신의 유일한 대안은 아니다. 다른 대안적 모델도 있다. 그 대표적인 사례가 프랑스 테제Taizé 공동체의 예배다.

테제 공동체는 프랑스 부르고뉴 지방 동부의 작은 마을에 자리 잡고 있는데 테제라는 이름은 이 마을 이름에서 유래한다. 테제 공동체는 1940년에 스위스 로잔 출신 로제 슈츠 마르소슈 Roger Schütz-Marsauche가 시작한 에큐메니칼 수도 공동체다. 로제 수사는 개신교 신학을 공부하고 스위스 개혁 교회에서 안수를 받았으나 1949년 교회 일치를 추구하기 위해 개신교 내의 여러 교파는 물론 가톨릭교회 출신 사람들과 함께 종신 서원함으로써 정식으로 수도 공동체를 시작한다.

로제 수사가 공동체를 형성하게 된 동기는 무엇보다도 고요함 중에 하나님을 만나기 위한 생활 양식을 찾고자 함이다. 그는 이러한 생활 양식을 당시 개신교 내에서 찾기 어렵다고 판단했다. 그래서 별도의 수도 공동체를 세운 것이다.

테제 공동체는 무엇보다도 화해와 일치를 추구한다. 그리스도교 전통에 따르면 화해는 하나님과의 화해를 주로 일컫는다. 하지만 이 공동체에서는 교파 간의 화해, 이웃 간의 화해, 국가 간의 화해에 중점을 둔다. 이러한 모든 이들과의 화해가 그리스도와의 일치에서 비롯됨은 물론이다.

테제 공동체는 교파 간의 화해를 위하여 교파의 신학적 배경이 되는 교의를 강조하지 않고 복음의 원래 정신에 집중한다. 그리고 이웃 간, 국가 간의 화해를 위하여 실제로 사람들을 만나고 받아들이고 이해하는 데 주력한다. 또한 이 공동체의 구성원들은 토론하기보다는 즐겨 듣는 입장을 취하면서 대립과 갈등을 피하고 화해와 일치에 다가서기 위해 애쓴다.

한편 테제 공동체는 세상 모든 이의 신뢰와 연대를 중요하게 생각한다. 그런데 신뢰와 연대는 어떻게 가능한가? 우리에게 훌륭한 지향이 없어서 혹은 우리가 지향을 몰라서 못하는 것이 아니지 않는가.

신뢰와 연대를 실현하기 위해 테제 공동체가 제시하는 것은 묵상과 투쟁의 방법이다. 좀 더 구체적으로 말해서 묵상을 통해 인간 각자의 내면을 단단하게 단련하고 밖에서 일어나는 일들과 투쟁하는 방법이다. 여기서 투쟁이란 인간이 세상에서 겪는 모든 어려움, 가난, 질병, 불의, 불평등 등 모든 인간적 모순과 세상의 죄악상들을 없애는 일을 가리킨다. 이 점에서 테제 공동체는 다른 공동체와 차별화된다.

이처럼 테제 공동체는 자신들의 수도만을 추구하지 않는다. 수도 생활에서 이루어지는 내면적 삶과 외부 사회에서 전개되는 연대적 삶이 순환 관계를 이루는 것이다. 테제 공동체에서 신앙과 삶은 더 이상 이원론으로 분리된 개념들이 아니다. 우리나라 개신교인들에게 매번 문제로 제기되는 것이 신앙과 삶이 분리되어 있다는 점인데, 이런 측면에서 이 공동체의 삶의 방식은 퍽이나 의미가 있다.

그런데 테제 공동체는 어디에서 다른 이들과의 연대의 삶을 실행할 수 있는 힘을 얻는가? 그들은 무엇보다도 의례적 실천, 곧 묵상에서 이런 힘을 제공받는다. 이 묵상을 위해 그들은 매일 세 번 공동 기도를 드린다.

테제 공동체의 공동 기도는 '시간으로부터의 탈출'이라는 의미를 지니고 있다. 물리적 시간의 맹목적인 흐름으로부터 일시적으로 단절하는 것은 생산 능률의 요구에 사로잡힌 현대인에게는 가장 중요한 일임을 강조하고 있다. 이 공동체에서 기도는 시간의 무의미한 흐름을 단절함으로써 현대인에게 자신의 삶을 성찰할 수 있는 기회를 제공해주는 것이다.

테제 공동체는 매우 단순하고 소박하게 꾸며진 예배당에서 마룻바닥에 앉거나 무릎을 꿇고 촛불이 밝혀진 동쪽을 향하여 기도를 한다. 성서에서 그리스도는 의의 태양을 의미한다. 그런데 태양은 동쪽에서 떠오르기 때문에 동쪽은 초대 교회 시절부터 그리스도를 상징하는 방향이었다. 따라서 테제 공동체가 동쪽을 향해 기도를 한다는 것은 이 공동체에 속해 있는 이들이 그리스도를 향해 있다는 사실을 함축한다. 이와 동시에 그들이 순례하는 하나님 백성으로서 하나님을 향해 있다는 사실을 상징한다.

이런 의미에서 테제 공동체에서는 동그랗게 모여 앉아 기도하는 것보다 한쪽 방향을 향하여 기도하는 것을 더 권장한다. 단서로 얼굴을 마주 대할 필요가 있는 나눔 시간에 한해서는 서로를 향해 앉는 방식을 추천한다. 앞쪽 공간에는 기도에 도움이 되는 주목할 수 있는 이콘주로 동방 교회에서 발달한 성인의 초상이나 성서의 이야기를 주제로 한 그림을 말한다을 한두 개 세워놓는 것을 권장하기도 한다. 또한 초를 몇 개 밝혀둘 수 있다면 이를 금상첨화라고 본다. 온화하게 떨리는 촛불은 마음을 고요하게 하기 때문이다. 그런데 이때 기도하는 곳의 조명을 너무 눈부시게 하지 말라는 주의 사항을 첨부한다.

테제 공동체의 공동 기도는 인도자 없이 시편 노래나 알렐루야를 부르면서 시작된다. 이 공동체의 찬송에 익숙하지 않은 개신교 신자들은 여기서 불리는 찬송들이 가톨릭적이라고 생각하기 쉽다. 그러나 이런 견해는 편견이다. 그들은 매우 단순한 모테트motet 형식의 찬송을 반복적으로 부른다. 이 공동체에서는 찬송을 최소 8회 이상 반복할 것을 권하고 있는데 그 이유는 이런 찬송의 반복이 묵상 기도에 도움이 된다고 보기 때문이다. 그 후에 한두 차례의 성서 봉독이 있다. 짧은 성서 구절을 여러 나라의 언어로 반복해서 봉독한다. 테제 공동체에는 늘 여러 나라에서 온 젊은이들이 함께 예배드리기 때문이다. 다시 찬송을 부르고 침묵, 곧 묵상에 들어간다.

묵상의 순서가 테제 공동체의 공동 기도에서 가장 특징적인 것이다. 보통 묵상은 10분에서 15분가량 계속되는데 처음 경험하는 사람들에게는 매우 낯설고 난처하고 어려운 시간일 수 있다. 그래서 묵상의 순서는 테제 공동체를 처음 방문한 사람들에게 자신이 괜히 방문한 것이 아닐까 하는 회의도 들게 하지만 이 공동체를 떠나갈 때 가장 인상적이고 좋은 경험이었다고 술회하는 경우가 많다고 한다.

테제 공동체에서는 묵상이 그리스도와의 일치를 심화하는 데 도움이 된다고 한다. 모든 사람의 마음속에 숨겨진 하나님의 현존을 경험하는 순간도 묵상의 시간이며 날마다 그리스도를 신뢰하며 그분과 더불어 사랑할 수 있는 새로운 힘을 얻는 원천도 침묵이라고 주장한다.

묵상 이후에는 중보의 기도와 주님의 기도가 이어지고 십자가 앞에서 드리는 기도로 매일의 공동 기도는 마친다. 매일 세 번 드리는 공동 기도에는 설교가 없다. 단지 침묵 속에서 하나님의 음성을 들을 뿐이다. 따라서 공동 기도에서 사람들은 솟구치는 감격과 흥분을 경험하지 않는다. 거기서 사람들은 평화로움을 체험한다. 그들은 마음의 평화는 자신뿐 아니라 주위의 삶을 아름답게 한다고 확신하면서 내면을 강화하는 것이다. 앞에서 지적한 바와 같이 여기서 '주위의 삶을 아름답게 만든다'는 것은 세상에 존재하는 악과 투쟁하는 것을 의미한다. 묵상을 통해 단단해진 내면은 성스러운 영역에만 한정되지 않고 세속적인 영역으로까지 나아가고 있는 것이다.

# 경박한 웃음은
# 예배를 쇼로 만든다

예배에서 웃음과 유머가 한창이다. 교회 예배에 참여해도, 방송 예배를 시청해도 마찬가지다. 이런 분위기에서 웃음과 유머가 없는 예배는 예배 참여자로 하여금 은혜를 경험하지 못하게 하는 실패한 예배로 평가되고 있다. 그래서 그런지 요즘 설교자들은 예배 참여자들에게 웃음을 주기 위해 퍽이나 애를 쓰는 것 같아 보인다. 그런데 어떤 이유에서 유머와 웃음이 예배에서 이토록 지배적인 가치를 지니게 되었는가?

어떤 이는 이 질문에 대해 다음과 같이 답변한다. "종교적 의례는 본디 축제적, 놀이적 성격을 담고 있다. 그러나 개신교 예배는 이러한 축제적, 놀이적 성격을 거의 상실했다. 그런데 그나

마 다행히도 이 상실된 축제적, 놀이적 요소의 흔적이 웃음과 유머에 남아 있다. 그래서 우리는 예배에서 웃음과 유머를 복원시키기 위해 노력해야 한다."

다른 이는 "경박단소輕薄短小 키치의 시대, 원본이 사라진 포스트모던의 시대에 진지함이란 새로운 형태의 소외일지도 모른다"는 어느 유명한 인터넷 블로그의 대문에 있는 말을 예배의 경우에도 그대로 적용하고 싶은 유혹을 느낀다. 실제로 요즘 사람들, 특히 젊은이들은 진지함을 거부하는 대신 가벼움을 즐기고 유쾌하게 인생을 바라본다. 그렇기에 이들에게 진지하고 무겁고 심각한 것은 시대에 뒤떨어진 것으로 여겨진다. 이런 사실에 주목하면서 이 진영은 현대인이 예배에서도 가벼움과 유쾌함을 추구할 수밖에 없다고 주장한다.

한편 근자에 와서 예배학계에서는 예배를 그리스도의 부활 사건을 축하하는 잔치 자리로 이해하는 흐름이 부각되고 있다. 축제는 마땅히 즐거워야 하기에 축제로서의 예배는 웃음으로 활기를 띠어야 마땅하지 않겠는가. 이런 예배 이해에 근거해보면 웃음과 유머로 가득 찬 예배를 신학적으로 정당화하는 일은 그리 어렵지 않아 보인다.

다른 한편 여러 학문 분야의 연구 결과들도 웃음을 만병통치에 효험이 있는 명약으로 내놓는다. 이런 연구 결과들에 따르면 웃음은 우리 몸에 꼭 필요한 심리적 에너지이기에 그것은 몸과 마음을 치유하고 인생까지 바꿀 수 있다고 한다. 나아가 유머와 웃음을 통한 자극은 학습에도 탁월한 효과를 보인다고 한다.

사정이 이럴진대 이렇게 효과 높은 처방을 예배에서 사용하지 않을 이유가 무엇이겠는가. 게다가 오늘날 교회들은 사람을 모을 수만 있다면 뭐든지 하지 않는가. 심지어 각종 생활용품을 내걸면서 경품 행사까지 하는 경우도 비일비재하지 않은가. 이렇듯 교회들에서는 효과와 효력의 신화가 지배하고 있는 상황에서 대중에게 인기 좋은 웃음과 유머의 수단을 차용하는 것은 어찌 보면 자연스런 현상일 수 있다.

에이든 토저Aiden Tozer라는 복음주의 신학자는 이러한 교회 현상에 대해 매우 신랄한 비판을 가한다. 그에 따르면 1960년대 미국의 복음주의 교회들은 교인들에게 진지한 교육 프로그램은 최대한 적게 제공하고 연예 오락 프로그램을 최대한 많이 공급하는 데 주력했다고 한다. 그래서 오직 하나님만으로 기뻐하며 그분을 사모하는 모임으로 사람들을 인도하는 일은 이제 거의 불가능해졌다는 것이다. 토저에게 이러한 상황은 스스로 하나님의 자녀라고 고백하는 사람들이 하나님께 싫증 났다고 결론을 지을 수밖에 없는 상황을 의미했다. 그들은 종교 영화, 게임, 기분 전환용 오락 같은 '막대 사탕'을 주지 않는다면 집회에 나오지 않았다. 이런 일이 반복되다 보니 교회 분위기 자체가 완전히 바뀌게 되었다. 사람들을 끌어모으기 위한 '막대 사탕 작전'은 당시 미국 크리스천의 사고에 너무나 깊이 파고들었고 그 결과 그들은 이런 현상을 당연한 것으로 받아들이게 되었다. 그들은 이런 잘못된 현상으로 피해를 보면서도 그것이 그리스도의 교훈이 아니라는 사실은 상상조차 하지 못했던 것이다.

토저는 막대 사탕을 주는 기독교를 황금 송아지를 섬기는 기독교라고 비판한다. 그런데 이런 그의 비판에 대해 황금 송아지 숭배자들은 "그래도 그렇게 해서라도 사람들을 교회 안으로 끌어들이면 되지 않느냐"라고 반문한다. 이에 토저는 황금 송아지 숭배자들이 이 사람들을 진정으로 이끄는 곳이 어디인지 묻는다. 참 제자의 길로? 거룩한 삶과 성품으로? 하나님을 향한 사랑으로? 그리스도를 향한 온전한 헌신으로? 그에 따르면 유감스럽게도 이런 질문들에 대한 답변은 결단코 "아니다"라고 한다.

토저는 오늘날 하나님의 말씀을 전파하기 위해 효과적으로 일하는 기관의 노력에 힘입어 어느 때보다도 기독교인이 많은 신앙적 지식을 가지고 있는 것 같아 보인다고 말한다. 그럼에도 그는 진정한 예배가 지금보다 더 낮은 수준에 처했던 적이 있었을까 하는 의구심을 지울 수 없다고 통탄한다. 많은 교회들이 예배

드리는 법을 잊어버렸다는 것이다.

 필자는 토저의 신학 사상 전체에 동의하는 입장에 서 있지는 않다. 그럼에도 당시 미국 교회의 예배들이 엔터테인먼트로 전락하고 집례자나 설교자가 쇼맨십으로 청중을 사로잡고 청중에게 유머와 웃음을 선사함으로써 많은 수의 청중을 불러 모으고 그들이 교회의 재정 사정을 향상시키고 교회의 명성을 높이는 사이에 진정한 예배가 사라져버렸다는 그의 비판에는 전적으로 동감한다. 나아가 이런 그의 비판적 통찰이 오늘날 우리 예배 현상에도 그대로 적용될 수 있다고 생각한다.

 예배에서 우리는 꼭 웃을 필요가 없다. 웃음은 눈물과 마찬가지로 인간 감정의 한 표현에 불과하다. 따라서 인간 감정에 대한 하나의 표현으로서의 웃음은 절대적인 가치를 지닐 수는 없다. 더욱이 웃기 위한 예배 혹은 다른 효과를 누리기 위해 웃음이 도구적으로 사용되는 예배는 진정한 예배라고 하기 어렵다. 왜냐하면 예배에서는 그 어떤 것도 목적이 될 수 없기 때문이다.

 예배의 목적은 예배 그 자체다. 사람을 모으는 일이나 모인 사람들을 교육하는 일은 예배의 목적이 될 수 없다. 그렇기에 웃음을 수단으로 사람을 모으는 일도, 웃음을 통하여 사람을 치유하는 일도, 웃음으로써 교육을 효과적으로 수행하는 일도 예배의 지향점이 되지 못한다. 그런 것들은 다만 예배에서 부차적으로 일어날 수 있는 일일 뿐이다.

효과를 의도한 어떠한 행위도 예배의 구성 요소가 될 수 없다. 예배는 하나님을 향한 고양된 신앙심을 표현하는 신앙 실천이다. 이런 의미에서 예배는 따로 목적이 있으면서 어떤 결과를 기대하는 행위일 수 없다. 심지어 교회의 중요한 사명으로 여겨지는 선교나 교육도 예배의 목적이 될 수 없다. 예배는 그저 예배일 뿐이다.

가벼운 유머와 웃음이 테크니컬하게 주어지는 예배에서 우리는 세상의 비극적 전개에 맞서야만 하는 기독교의 사명에 관해 진지한 숙고를 수행할 수 없다. 냉정히 따져보면 이런 예배에 참여하는 기독교인은 TV 쇼를 보면서 키득거리는 시청자와 다를 바가 없다. 때로 전쟁이나 인종 차별과 같이 성난 항의와 진지함이 필요한 세상의 구체적 문제들에 직면하게 되는 경우 주의를 끌기 위한 테크닉에 의해 유발되는 웃음은 예배를 영성의 보고로 만들지 못한다.

그렇다면 예배에서 신앙인은 웃을 수 없는가? 결코 그렇지 않다. 무력한 사람이 힘을 공급받게 되고 어리석은 사람이 하나님의 지혜를 얻게 되고 인간적 조건이 아무리 비참하더라도 그 안에 구원과 해방의 약속이 존재한다는 사실이 우리 신앙인을 웃게 만든다. 이처럼 신앙인의 웃음은 자신의 삶을 둘러싸고 있는 많은 역설들을 꿰뚫어 볼 때 생겨나는 것이다. 따라서 기독교인의 웃음은 테크닉으로 주어지는 웃음과는 분명 차이가 있다.

진정한 예배 속에서 나오는 웃음은 고요하고 관조적이며 희망적이다. 그것은 예배를 통해 다가오시는 하나님을 만나면서 자연스럽게 지어지는 미소이며 성령의 역사를 통해 심령 깊은 곳에서 우러나오는 환희다. 삶의 굴곡 속에서, 그리고 사회적 약자와의 연대 속에서 항상 우리와 함께하시겠다는 하나님의 약속을 상기하면서 생겨나는 희망의 웃음이다.

# 말이
# 전부가 아니다

개신교는 종교개혁 전통에 따라 설교 중심의 예배를 발전시켜왔다. 개신교가 예배를 설교 중심으로 구성해온 데는 종교개혁 당시와 그 이후의 교회 역사에서 그럴 만한 사정이 있었다. 종교개혁가들은 개혁의 단초를 초대 교회 전통과 성서로부터 찾으려고 했고, 예배 또한 그러한 근거에서 갱신하려 했다. 그래서 개신교에서 예배는 성서를 통해 이야기하시는 하나님의 말씀을 전달하는 장場이 되었다. 특히 예배의 구성 요소들 가운데 설교는 더욱 그러했다.

설교가 예배의 중심된 자리가 되었기에 예배자에게 중요한 것은 예배 가운데 행해지는 설교를 얼마나 잘 듣고 이해하는가였다. 따라서 이해될 수 없는 것은 무가치한 것으로 간주되었다. 이런 근거에서 분명한 내용을 전달하지 못하는 것으로 생각되는 상징들은 예배에서 폐기되기에 이른다. 우리는 이를 '개신교 예배의 정신화'로 부를 수 있다. 예배의 정신화로 인해 예배에서의 모든 행위는 구술적인verbal 것으로 대체되었고 상징적인 것 symbolical은 모두 배제되었다.

여기에 계몽주의라는 사상사적 흐름이 작용했음은 물론이다. 계몽주의 시기를 거쳐오면서 인류의 우매함을 풍자하는 비평가들은 상징을 지난날의 야만적이고 저급한 환상들이라고 비판했다. 그 결과 상징 활동에 대한 반발은 계몽주의의 문화사에서 특징적인 요소로 부각되게 된다.

비이성적인 상징 활동에 대한 이런 비판은 이성의 강력한 선도를 구현하거나 터무니없는 인과 관계를 척결하는 데 일정 정도 기여했음에 분명하다. 그럼에도 인류의 상징 활동은 인간 삶의 구조 자체가 본질적으로 가지고 있는 특성인 만큼 말처럼 쉽게 제거될 수는 없다. 우리는 인간의 삶이 열대림의 식물처럼 야생의 성향을 가지고 있다는 사실을 인정해야 한다. 그래서 인간의 삶에 이성적인 것을 넘어선 상징적인 것도 필수적이라는 점을 수긍해야 한다.

인간의 다른 삶의 영역들과 마찬가지로 종교 의례도 상징을 지닌다. 그리스도교의 예배도 예외는 아니다. 따라서 상징을 진지하게 받아들이고 파악하려는 노력은 진지한 예배 구성자 혹은 예배 참여자에게 필수적이다. 이런 의미에서 예배학자 단 샐리어스Don Saliers는 상징이 드러내는 의미를 깨닫는 것이 곧 영성이라고 말한다.

그런데 예배에서 무엇이 상징인가? 무엇보다도 비구술 언어가 상징이다. 언어에는 구술 언어와 비구술 언어가 있다. 구술 언어는 말과 노래다. 반면 비구술 언어는 소리와 제스처를 비롯해서 공간, 조형물, 의자의 배열 등에 이르기까지 의미를 생산하는 모든 것이 비구술 언어다. 비구술 언어는 구술 언어보다 본래적이다. 아기들도 구술 언어보다 비구술 언어를 먼저 사용하고, 어릴 때일수록 비구술 언어에의 의존도가 높기 때문이다.

상징으로서의 비구술 언어는 몇 가지 장점을 지닌다. 첫째, 비구술 언어는 사용자의 무의식을 표현한다. 그래서 비구술 언어는 사용자가 사고하는 내용을 넘어서 마음속 깊은 곳에 저장되어 있는 내용까지 전달할 수 있다.

둘째, 비구술 언어는 사용자의 감정을 생생하게 전달할 뿐만 아니라 다른 이의 감정을 자극하기까지도 한다. 그래서 비구술 언어는 우발적이고 통제되지 않은 채 언어 사용자 자신을 적나라하게 표현할 수 있다. 나아가 다른 사람의 감정을 일깨우고 다른 이들의 반응을 이끌어낼 수도 있다. 따라서 인간이 비구술 언어를 통해 메시지를 전달할 경우 상대방의 감정에 도달할 수 있다. 그러고 보면 몸짓, 눈빛, 접촉 등과 같은 비구술 언어는 여러 마디의 구술 언어보다 훨씬 더 많은 것을 전달하고 성취할 수 있다.

셋째, 비구술 언어는 구술 언어와 달리 모든 인간에게 본래적이므로 그 표현 방법이 유사하다. 그래서 비구술 언어는 구술 언어보다 사회 계층의 차이에서 오는 커뮤니케이션의 장애를 더 용이하게 극복할 수 있다.

넷째, 비구술 언어는 인간의 몸에 대한 통전적인 이해를 담고 있다. 그래서 비구술 언어는 몸을 매개로 하는 만큼 신학적으로 정신과 육체를 포함한 통전적 주체로서의 몸을 강조할 수 있다. 예배에서 비구술 언어를 구사하는 몸은 인간을 향한 하나님의 계시를 전달하는 매개체가 되는 동시에 하나님을 향한 인간의 신앙을 표현하는 매개체가 되는 것이다.

이런 몇 가지 이유에서 현대 예배학은 비구술 언어의 사용을 권장하는 것이다. 비구술 언어가 추구하는 통전성의 관점에서 바라보면 구술 언어에 의존하여 전달되던 하나님의 계시와 그것에 근거하여 표현되던 하나님에 대한 찬미는 진정성이 부족한 예배 행위로 비판받을 수 있다. 이런 기존의 예배는 정신 혹은 이성의 우월함과 육체 혐오를 그대로 전제하고 있기 때문이다. 이런 의미에서 과거 개신교 예배는 '구술 언어주의', 또는 '구술 언어 과적재 현상'이라고 규정될 수 있다.

인간은 예배의 공간에서 다양한 방법으로 움직인다. 걷고, 앉고, 서고, 무릎을 꿇고, 엎드린다. 이런 의미에서 비구술 언어를 내뿜는 몸은 상징적 커뮤니케이션을 수행하는 예배의 주체이다. 몸은 단지 정신을 담는 그릇에 불과한 것이 아니다. 설교를 이해하는 정신의 물리적 지지대만도 아니다. 그래서 예배에서 정신이나 이성만이 하나님을 예배하고, 하나님의 뜻을 수용하고, 자신의 신앙을 표현할 수 있는 것은 아니다. 우리의 몸 전부가 필요하다.

언젠가 정교회의 사제와 대화를 나눈 적이 있다. 그는 요즈음 많은 개신교 신자들, 목회자들, 신학생들이 정교회를 방문한다고 이야기했다. 그러면서 필자에게 "왜 개신교인들은 그렇게 개념이라는 말을 좋아하느냐"라고 물었다. 개신교인들의 질문에 대해 답변하면 그들은 어김없이 개념화하려고 한다는 것이다. 이성, 정신, 구술 언어 등으로 신앙의 내용을 수용하고 신앙의 경험을 표현하는 개신교인들의 특성을 정확하게 드러낸 지적이었다.

실제로 신앙이 개념으로 모두 설명되던가. 근자에 들어 우리 개신교에서 소위 '워십 댄스worship dance'를 통해 몸의 예배가 행해지고 있다. 새로운 예배 형태가 나오면 여러 가지 평가가 나오기 마련이다. 필자에게 묻는다면 작위적인 부분만 빼면 일단 시도 자체에 대해서는 오케이다. 왜냐하면 '워십 댄스'는 비구술적 언어를 통한 상징적 커뮤니케이션을 추구하기 때문이다.

이 대목에서 독자에게 묻고 싶다. 두 손을 가슴 높이에서 모은 전통적 기도 자세를 의식하면서 기도해본 적이 언제였던가? 중심을 보시는 하나님이시기에 마음의 중심만 하나님께로 향하면 된다고 생각하면서 기도 중에 손을 내려놓은 게 언제부터였는가?

손을 펴서 마주 대어 합장하는 기도 자세는 겸손하고 경건한 마음가짐으로 하나님 앞에 서는 것을 상징한다. 그리고 수신修身과 숭배를 상징한다. 또한 겸손하고 차분하게 하나님께 말씀을 아뢰는 동시에 하나님의 말씀을 귀담아 듣는 태도를 상징한다. 나아가 일상에서는 자기방어에 쓰이는 손을 고스란히 묶어서 하나님께 바치는 것이기에 항복과 봉헌을 상징한다. 이제 우리도 이전처럼 마음의 중심과 합장한 손으로 기도드려보면 어떨까? 예배에서 이런 상징적 행위가 우리의 영성을 더욱 풍부하게 하지 않겠는가.

# 바른 태도는
## 예배에서 훈련되어야 한다

가톨릭교 예배와 개신교 예배는 각각 성만찬과 설교에 중점을 두고 있다는 점에서 차이가 있다. 두루 아는 이야기다. 그러나 가톨릭교의 예배와 개신교의 예배를 현상적으로 비교해보면 양자 간의 차이가 단지 성만찬과 설교의 차이만은 아니라는 사실을 쉽게 알 수 있다. 필자가 보기에 양자 간의 주된 차이는 가톨릭교의 미사가 동작적인 요소를 많이 포함하고 있는 반면 개신교의 예배는 동작적인 요소를 거의 지니고 있지 않다.

가톨릭교 미사에서 예배 참여자들은 봉헌할 때와 영성체할 때 자리에서 일어나서 제대 쪽으로 나아간다. 헌금의 경우 성가를 부르면서 앞으로 나갔다가 자리로 돌아오고, 영성체의 경우는 다시 일어나서 제대 쪽으로 나아가서 성체를 받고 자리에 돌아온다. 반면 개신교 예배는 몸을 번거롭게 하지 않는다. 예배 참여자가 일단 예배당에 자리를 잡고 앉으면 예배를 마치고 예배당 밖으로 나갈 때까지 좀처럼 움직일 일이 없다.

한편 가톨릭교에서 예배 참여자들은 손으로 십자 성호를 긋는다. 미사 시작 전 성당에 들어오자마자 그들은 십자 성호를 긋는다. 미사를 시작하면서도, 미사를 드리는 중에도, 미사를 마치는 기도에서도 그들은 십자 성호를 긋는다. 반면 개신교에서 예배 참여자들은 무릎 위에 손을 얹고 기도하거나, 작은 소리로 중얼거리며 기도하거나, 손을 들고 기도하거나, 크게 부르짖으며 기도한다.

이렇게 가톨릭교인들과 개신교인들은 같은 종교에 속해 있으면서 예배에서 서로 다른 종교적 태도를 보이고 있는 것이다.

본디 태도란 오랜 시간 곰삭고 무르익어 밖으로 표출되는 것이다. 어느 순간 감쪽같이 위장될 수 있는 것이 아니다. 태도는 그야말로 몸에 배는 것이다. 근육과 신경에 저장되어 기억되는 것이다. 오랫만에 운전을 하거나 수영을 해도 운전과 수영의 실력은 여전하다. 단지 머리로 기억하는 것이 아니라 근육과 신경, 온몸이 기억하고 있기 때문이다.

운전의 경우 이론 교육도 중요하지만 이론을 숙지했다고 해서 차를 운전할 수 있는 것은 아니다. 실제로 주행을 해보아야 운전을 할 수 있게 된다. 수영도 예외는 아니다. 수영 이론을 학습했다고 해서 물에 뛰어들면 저절로 수영이 되는가. 결코 그렇지 않다. 오랜 몸 훈련이 필요한 것이다.

마찬가지로 우리가 신앙인으로서의 태도를 내면화하는 데도 훈련이 필요한 것이다. 개신교 예배가 정적인 특성을 갖고 있다면 그것은 개신교인들이 정신 활동만을 중시하면서 의례적인 동작을 제대로 훈련받지 못했기 때문이 아닐까. 실제로 우리 개신교인들은 예배 중에 반듯하게 직립하는 것과 예배 중에 앞쪽을 향하여 걸어 나가는 것에 대한 신앙적 훈련을 받아오지 못했다.

가톨릭 신학자 로마노 구아르디니Romano Guardini는 신앙인의 직립 자세와 걸음걸이의 중요성을 강조하고 있다. 그에 의하면 평온하게 바로 서 있는 자세란 오직 인간만의 특전이라고 한다. 따라서 바로 서서 걷는다는 것은 곧 인간됨을 의미한다는 것이다.

바로 선다는 것은 무엇보다도 태도를 가다듬는 것을 뜻한다. 털썩 주저앉아 있을 때의 편안한 자세 대신에 자제하는 자세나 단정한 자세를 취하는 게 된다. 그것은 우리가 주의를 기울이고 있음을 뜻한다. 서 있는 자세에는 무언가 긴장하고 깨어 있는 맛이 있다. 서 있는 태도는 준비되어 있음을 뜻한다. 서 있는 자는 즉각 움직일 수 있기 때문이다. 서슴지 않고 사명을 이행하거나 일에 착수할 수 있는 것이다. 결국 서 있는 자세란 하나님 앞에서 그분의 부르심에 응답하여 깨어 활동할 준비가 되어 있는 자세인 것이다.

반듯하게 서 있는 자세에는 이러한 의미가 있으므로 교회는 전통적으로 예배 중에 특히 복음서를 낭독하는 시간이 되면 모든 예배 참여자로 하여금 일어서게 한다. 마찬가지로 신앙을 고백하는 예배 행위도 일어서서 한다.

우리에게 익숙한 기도의 자세는 앉거나 무릎을 꿇는 것이다. 그러나 초대 교회 신자들은 즐겨 서서 기도했다. 사람에 따라 서서 하는 기도가 내심의 힘찬 표현이 될 수도 있다. '오란테'라고 불리는 기도자 상을 보면 곧게 서서 두 팔을 펴 들고 있다. 그 모습은 자유로우면서도 품격이 있고 경청하면서도 기꺼이 행동할 용의를 보이고 있다는 평가를 받고 있다. 동방 교회에서도 예로부터 서서 기도하는 자세를 그리스도와 더불어 죄와 죽음에서 부활하여 일어선 해방된 자녀의 자세로 숭상하여왔다.

곧게 서서 걸음을 경건하게 걷는 모습은 그 얼마나 아름다운가. 걸음 그 자체가 조촐한 예배가 될 수 있지 않겠는가. 하나님이 지켜보시는 가운데 마음을 가다듬고 경건하게 하나님 앞으로 나아간다는 것부터가 예배다.

그러나 우리 개신교인의 예배하는 태도는 어떤가? 과거에 우리 개신교에서 성만찬 분병례를 행할 때 집례자가 잘게 잘려진 빵과 플라스틱 잔에 들어 있는 포도주를 들고 참여자들에게 다가가는 것이 일반적이었다. 이를 두고 예배학자들이 예배 참여자를 예배의 수동적 객체로 전락시킨다고 비판했다. 해서 요즘은 성만찬 분병례를 행할 때 예배 참여자가 성만찬 상 앞쪽으로 나와서 빵과 포도주를 받는 경우가 빈번해졌다. 예전적 발전임에 분명하다.

그러나 그래도 아쉬움이 남는다. 성만찬 상 앞으로 나온 행렬 속에서 예배 참여자들이 서로 밀고 쑥덕거리며 그저 아무 생각 없이 서 있는 태도 때문이다. 냉정히 생각해보면 이런 무성의한 태도는 하나님을 예배하는 행위일 수 없다.

다 극복되어야 할 잘못된 신앙 전통이다. 이제부터라도 한국 개신교인들은 제대로 된 태도를 지녀야 한다. 앞에서 필자는 강조했다. 우리의 삶 전체가 예배이고 주일에 드리는 예배는 예배 중의 예배라는 사실을. 그렇다면 우리 삶에서의 태도, 특히 그 태도의 기본이 되는 걸음걸이와 서 있는 것도 마땅히 예배 중에 의미를 획득해야 하며 훈련되어야만 한다. 그래야 우리는 바르게 설 수 있고 바르게 걸을 수 있다.

우리의 삶과 예배가 분리될 수 없는 것이라면 예배에서 우리는 삶 전반에 걸친 모든 태도를 내면화해야 하는 것이다. 이런 의미에서 예배는 인간 태도의 훈련장이다. 신앙인은 '보이지 않는 은혜의 보이는 거룩한 표징들'을 깨닫고 받아들이고 몸에 배이게 하는 행위를 익혀야 한다. 이것을 예배에서 실행해야 한다. 그냥 한번 연습 삼아 해보는 것이 아니라 마음과 뜻과 정성을 다해 그래야 한다.

반듯하게 서는 것이 하나님이 긍정하신 존엄한 인간의 본질을 나타내는 것이라는 사실을 생각해본 적이 있는가? 반듯하게 서서 기도하는 태도가 하나님의 부르심에 대한 신속한 응답을 준비하는 태도라는 사실을 의식해본 적이 있는가? 걸음걸이가 하나님 앞에 나아가는 겸손한 자유인의 당당한 움직임이란 걸 자각해본 적이 있는가?

# 성금요일 예배는
# 고난의 신비를 경험토록 이끈다

그리스도인들은 부활절이 특별한 절기라고 생각하지만 부활의 영광을 누리기 전에 예수께서 처참한 십자가의 고난과 죽음을 당해야만 했다는 사실은 흔쾌히 수용하려고 하지 않는다. 예수께서 부활하기로 예정되어 있다고 생각하기 때문일까? 아니면 처참한 예수의 죽음 자체를 떠올리고 싶지 않기 때문일까? 어떤 이유에서 그런 것인지는 분명하지 않지만 고난주간 금요일 심야 기도회를 성금요일 예배로 드리는 교회는 많지 않다.

고난 주간에 교회는 부활을 축하하기 위한 준비로 이미 떠들썩하다. 교회 학교 교사들은 부활 사건을 극적으로 표현하기 위해 문이 열리는 돌무덤 조형물을 만드느라 분주하고, 여신도들은 삶은 달걀과 흰떡을 마련하느라 주방을 오가고, 성가대는 부활절 칸타타 대곡을 연습하느라 시끌벅적하다. 고난 주간에 모두들 부활절을 맞을 준비에 바쁘다. 교회의 한 모퉁이에서 고난 주간 연속 기도회가 계속되고 있기도 하지만 전체적으로 고난 주간은 부활절에 의해 압도되고 있다.

그리스도교의 가장 중심된 절기인 부활절에 앞서 부활을 더욱 의미 있게 맞이하고 축하하기 위해서는 사순절에 사순절 예배를 드리고 예수 고난의 정점에 위치한 성금요일 예배에 참여하는 것이 옳다. 어찌 보면 번잡한 일상이 현대인에게는 가장 큰 고통이고, 그래서 따로 고난 주간 금요일 예배를 드리지 않아도 충분히 고통스러울지도 모르지만 말이다. 또한 신의 아들의 십자가 형틀에서의 죽음과 그의 다시 살아남을 기억하는 일이 현대인의 삶의 주기와 괴리된, 피부에 와 닿지 않은 낡은 교리의 반복이라 느껴질 수 있다.

그럼에도 금요일 밤 서둘러 귀가하여 번잡한 일상으로부터 단절된 상태에서 성금요일 예배에 참여해보자. 이 시간에 우리는 깊이 침잠할 수 있다. 왜 이날이 거룩한 금요일인지, 우리 신앙의 대상인 예수는 누구인지, 왜 우리는 나무 형틀에 매어 달려 비참한 죽음을 맞이한 그분을 그리스도라고 고백하는지, 그의 고난에 동참한다는 것이 오늘을 사는 우리에게 어떤 의미가 있는지, 죽음과 재생의 종교적 모티브가 우리에게 전하는 메시지는 무엇인지 묻고 또 물을 수 있다.

성금요일 예배에서 이러한 질문들을 던지고 답변을 얻으면서 우리는 신앙의 더 깊은 차원으로 내려갈 수 있다. 부활의 영광은 십자가의 고난과 무관하지 않다는 신앙적 진리와, 새로운 삶의 희망은 절망스러운 고통과 무관하지 않다는 자명한 생의 진리와 다시 한 번 진지하게 대면할 수 있다. 그리스도의 고난과 대면하면서, 고난을 묵상하고, 나 자신의 고난을 상대화하고, 이웃의 고난에 눈을 돌릴 수 있게 된다.

우리는 인간 예수의 고난과 마주하면서 깊은 슬픔에 빠져야 한다. '우리의 허물과 잘못이 그를 다시 십자가에 못 박는다'고 고백하면서 참회의 뜨거운 눈물을 흘려야 한다. 신앙적 깊이를 갖추려면 진실로 그리해야 한다.

교회력에서 하나님 앞에 선 인간이 자신의 유한성을 깨닫고 심판의 두려움에 떨며 깊이 참회하는 두 절기는 사순절과 대림절이다. 이 절기들은 영광과 기쁨만이 신앙의 내용이 아니라는 것을 신앙인들로 하여금 깨닫게 해준다. 아픔과 고통, 절망과 슬픔이 신앙적으로 의미 있다는 것을 말해준다. 아파할 때, 슬퍼할 때, 고통 중에 있을 때, 절망할 때가 있으면, 기쁠 때, 즐거울 때, 희망할 때가 있다는 것이다.

모든 것에는 때가 있다. 고난 주간에는 그리스도의 고난을 묵상하자. 충분히 슬퍼할 때 부활의 기쁨도 크다. 필자는 현실 세계에서 인류가 당하는 고난을 미화할 생각은 추호도 없다. 하지만 우리가 그리스도의 고난과 마주하게 되면 그날이 그날 같아 타성에 젖어버린 우리의 신앙 생활에 낯선 의미들이 몰려들게 된다.

성금요일 예배를 준비하던 날, 한 교우가 필자에게 말을 걸어왔다. 십자가에 검은 휘장을 두르던 때였다. "목사님, 너무 슬퍼요. 너무 비극적으로 느껴져요. 우울해서 십자가를 바라보지 못하겠어요." 고난이 자아내는 슬픔과 우울함을 부정적으로만 생각하는 신앙 터전에서 자라난 신앙인에게는 너무도 자연스러운 반응이었다. 그러나 슬픔과 비극, 고난과 우울함은 분명, 우리 삶의 모습이다. 그래서 그것을 부정하기보다는 해석하고 다루어 내는 것이 중요하다.

단 샐리어스는 자신의 책 《거룩한 예배》에서, 오늘날 평온한 삶 가운데서 편안하게 예배하는 교회의 문화적 상황 속에서 참된 예배를 드리는 것이 실로 어려운 까닭은 우리가 성육신하신 하나님의 신비에 경외감을 갖지 않을 뿐 아니라 세상의 고통에 대해 깊이 생각하지 않기 때문이라고 지적한다. 그러면서 고통의 현실에 직면하는 것이 참된 예배의 요건이라고 이야기한다.

이런 의미에서 그는 "삶과 고통, 죽음과 신비, 그리고 선善을 마음에 그리는 신비에 참여하지 않은 상태에서 영과 진리로 드리는 진정한 예배는 있을 수 없다"고 주장한다.

십자가에 달리시고, 굴욕을 당하시고, 고통을 당하신 그리스도의 깨어지심과 대면하는 것은 예배 공동체를 사람들이 당하는 고통과 죽음에 대한 인식에로, 세상의 부정과 불의에 대한 자각에로 이끈다. 연약한 인간의 모습으로 십자가에 달리셨음에도 영원히 예배를 받으시기에 합당하신 예수. 그분 안에 심판도 의롭게 하심도 포함되어 있는 것이다. 바로 이런 사실에 근거해서 모든 인간은 새로운 모습을 추구할 수 있게 된다. 그러고 보면 성금요일 예배는 고통이라는 삶의 부정적 이면을 주제화함으로써 세상과 인간의 현실을 자각하고 견디어내도록 훈련하는 성격을 지닌다고 할 수 있다.

인류학자 빅터 터너는 지금껏 부정적으로 다루어져왔던 삶의 이면들이 지닌 창의성과 가능성에 주목한다. 예컨대 애매모호함, 불확정성, 죽음, 어두움과 같은 상태가 그런 것이다. 그는 이런 상태가 모든 긍정적이고 구조적인 주장들에 대한 부정으로 관찰되지만, 실제로 그것은 순수한 가능성의 영역에 속하는 것이며 무한한 창의성을 담고 있다고 주장한다. 그리고 이 상태는 사람들로 하여금 'as if(마치 ~인 것처럼)'의 순간을 경험하게 함으로써 심오하고 변화된 차원에서의 분명하고 확정적이고 밝은 삶으로 통합될 수 있게 한다는 것이다.

터너는 이러한 애매모호하고 어두운 경험, 마치 어머니의 자궁에 있는 존재의 경험과 같은 고통스러운 경험을 리미널리티 liminality라고 부르는데, 이 리미널리티가 의례적 경험의 본질이라고 한다. 이 경험을 통해 존재의 전이 또는 변형을 이루게 된다는 것이다. 터너의 이론을 우리 예배에 적용해보면 이런 이야기가 가능할 것이다. 신앙인들이 예배에서 지금껏 삶의 부정적인 순간이라고 확신했던 고통이나 슬픔과 대면하고 그 상태에 침잠하여 그리스도의 고난을 뼈저리게 느끼고 세상과 인간의 고통을 기억하며 슬피 울며 몸부림치고 참회의 시간을 갖는다면, 그들은 세상을 바라보는 시각과 일상적인 삶을 훨씬 더 고양할 수 있다. 신앙적 내공을 좀 더 깊게 할 수 있다는 말이다.

인간에게 처절한 고통의 시간이 헛된 것이 아니라 삶의 비밀스러운 의미를 알려준다고 주장하는 기독교 작가 이철환은 그런 의미에서 성금요일의 신비를 꿰뚫고 있다. 성금요일 예배는 터너가 말하는 'as if'의 세계를 경험하는 장으로서 시편 119편의 말씀처럼 "고난을 당한 것이, 내게는 오히려 유익하게 되었습니다"라고 고백하는 예배다. 따라서 그것은 고난의 신비를 경험하는 시공간이다. 성금요일 없이 부활은 없다.

# 대림절 없는 성탄절은
## 느닷없다

일반 달력의 경우 12월은 1년의 마지막 달이다. 그러나 교회의 달력으로 보면 12월은 대림절이 들어 있어 새로운 한 해가 시작되는 달이다. 교회의 달력, 즉 교회력은 그리스도인으로 하여금 시간의 흐름을 신앙적으로 민감하게 느끼면서 보내도록 고안되어 있다. 예수 그리스도의 구원 사역에 따라서 한 해의 시간을 나누고 그 정해진 때를 신앙적으로 깊이 묵상하고 그 의미를 되새기며 실천하기 위한 교회력은 모든 그리스도교 예배의 기초가 된다.

교회력에 따라 신앙인은 예수 그리스도의 탄생과 다시 오심을 고대하고, 그의 탄생을 축하하고 기념하며, 그의 세상에 드러내심을 기념하고, 그의 수난을 묵상하며, 그의 십자가에 달리심을 기리고, 부활하심을 축하함으로써 그가 이루신 구원 사역을 기억하면서 자신의 일상적인 시간을 보낸다. 또한 부활 사건 이후 50일이 지난 때에 성령께서 강림하신 것을 기억하면서 시간의 흐름을 신앙적으로 의미 있게 만든다.

과거에는 주로 예수 그리스도의 생애와 구원 사역에 따라서 구성된 교회력을 사용했으나 최근에는 삼위일체의 역사를 기억하는 교회력을 많이 사용한다. 삼위일체 교회력이란 예수 그리스도의 구원 사역에 따른 교회력에 성령 강림의 절기와 성부의 절기를 덧붙인 것을 말한다. 원래 성령 강림 절기는 1년 52주 중 가장 긴 절기로서 13주간에 걸친 절기였는데 이 성령 강림 절기를 반으로 나누어서 후반부를 성부의 절기로 만들고 이를 신정절 혹은 왕국절 또는 창조절이라고 지칭하고 있다.

성부의 절기 명칭은 교단에 따라 다르지만 그 의미는 모두 성부 하나님의 창조 역사를 기억하는 것이다. 하나님의 통치, 하나님의 나라, 하나님의 창조를 기억하는 것은 온 누리의 주 하나님을 고백하는 것이다. 온 누리가 하나님의 것이라면, 하나님의 백성인 그리스도인의 책임은 전 우주에 널려 있다. 성부의 절기에 창조의 보존, 생태계와 환경 문제, 인간의 권리, 삶을 운영하는 정치와 경제 문제 등과 같은 인간사의 모든 문제에 대해 그리스도인들은 묻고 또 대답할 기회가 주어진다. 따라서 이 시기에는 다른 어느 때보다도 이러한 문제들에 대해 신앙적으로 좀 더 민감해질 필요가 있다.

교회력은 교회와 공동체의 신앙 훈련에 매우 유용하다. 매주 드리는 예배가 그리스도인들로 하여금 구원의 역사를 일주일 단위로 기억하도록 하는 것이라면 교회력은 1년을 단위로 해서 구원의 역사를 반복하면서 그들에게 복음 안에서 자신의 신앙과 삶을 끊임없이 살피도록 하는 책임을 지운다. 또한 교회력, 특히 삼위일체 교회력의 준수를 통하여 그리스도인들은 신앙을 삶의 다양한 영역에로 확장하여 고백할 수 있다. 더 나아가 교회력의 준수는 그리스도교의 모든 교파들로 하여금 교회 일치를 용이하게 이루도록 해준다.

교회력은 기본적으로 삼위일체력에 따라 틀을 갖추고 그다음 나라별로, 교단별로, 지역 교회별로 자신들의 공동체에게 특별한 날들에 대해 신앙적 의미를 부여하고 축하하기 위해서 절일을 정할 수 있다. 예를 들어 우리나라의 경우 광복절은 신정절 혹은 왕국절 또는 창조절에 속하는 절일인데 우리 민족에게는 특별한 날이기에 그것의 신앙적 의미를 되새기는 절일로 만들 수 있다.

다시 12월의 이야기로 돌아가자. 12월은 성탄절이 있는 달이

기도 하지만 무엇보다도 대림절의 달이기도 하다. 우리의 경우 성탄절은 교회의 절기라기보다는 절일에 가까울 정도로 그 기간이 짧다. 성탄절은 성탄 전야 예배와 성탄일 당일 예배로 그 축하를 마치는 것이 보통이다. 그러나 원래 성탄절의 기쁨과 잔치 분위기는 주현절까지 이어지는 것이다. 그럼에도 한국 교회는 성탄절의 상징과 장식을 연말에 서둘러 없애버린다.

그러나 시간은 끊기지 않고 흐르는 법이다. 그래서 교회력도 흐르듯 지키는 것이 좋다. 이런 이유에서 성탄절에서 주현절까지 구주 탄생의 기쁨은 계속되어야 한다. 성탄일 이후에도 우리는 설교 본문과 회중 찬송을 통해 계속적으로 성탄의 기쁨을 표현하는 예배를 드릴 수 있다.

교회력은 이처럼 연속적이다. 연속적인 교회력의 흐름은 매년 반복된다. 그러나 교회력에도 시작과 끝은 있다. 교회력은 대림절로부터 시작된다. 그리고 신정절 혹은 창조절 또는 왕국절로 끝난다. 우리나라 개신교 상황에서는 낯설지만 의미 있는 교회력 실행의 예표가 되고 있는 독일 교회에서의 경험을 소개해볼까 한다.

독일 교회는 교회력에 따른 마지막 주를 영원 주일이라 명명한다. 그리고 영원 주일에 교회력상 그해에 세상을 떠난 교우의 가족을 예배에 초대하고, 그들과 함께 죽은 사람의 이름을 호명하고, 죽은 이들과 유가족을 위하여 중보의 기도를 드린다. 예배 참석자들 가운데는 죽은 이의 이름이 예배 공동체에서 불릴 때 슬픔에 겨워 흐느끼는 이들도 있다.

영원 주일 예배에서 죽은 사람의 이름이 호명될 때 삶과 죽음의 단절은 극명하게 드러난다. 어떤 이는 이미 죽어 자신의 이름이 불리어도 대답할 수 없는 자가 된다. 예배의 인도자는 회중에게 그가 죽었다고 공표한다. 바로 이때 유한한 존재로서의 인간의 정체성이 확인된다. 그러면서 이 예배에서 회중은 인간이 영원에 잇대어 살아갈 수밖에 없는 존재라는 것을 하나님 앞에 고백하는 것이다.

유한함이 절실하지 않으면 영원에 대한 갈망도 크지 않다. 그러니 시간의 흐름을 어느 때보다도 민감하게 느끼는 교회력의 마지막 날에 그리스도교 인간론의 제1원칙이라 할 수 있는 영원하신 하나님 앞에 유한한 존재임을 고백하게 하는 영원 주일은 의미 있지 않은가. 인간에게는 어느 날 자신의 시간이 멈추게 된다. 그러나 무한한 존재이신 하나님의 시간은 영원하다.

교회력의 끝이 영원 주일이라면 교회력의 시작은 대림절이다. 대림절의 색은 보라색이다. 보라색은 신비한 색상이다. 근신과 수난을 상징하는 색이기도 하면서 또한 희망을 나타내기 때문이다. 이러한 의미가 대림절에 녹아 있다.

"깨어 있어라. ······ 너희가 생각하지도 않은 때에 사람의 아들이 올 것이다"(마 24:42). 신앙인들은 이 복음서의 말씀을 상기하면서 미래에 이루어질 심판에 대해 두려움을 갖는다. 그리고 이 두려움은 그들로 하여금 회개와 근신 가운데 머물게 한다. 그러면서 동시에 신앙인들은 우리를 구원하실 이가 오신다는 사실로 인해 희망을 품게 된다.

두려움과 설렘. 대림절을 맞는 신앙인의 두 마음이다. 오랜 산고 없이 새 생명은 결코 세상에 나오지 않는다. 그러니 성탄의 기쁨을 앞당기기보다는 심판에 대해 충분히 두려워하며 근신하면서 기다리자. 대림절 첫 주부터 넷째 주에 이르기까지 그리스도의 오심을 깊이 묵상하는 과정을 지내게 될 때 우리는 성탄을 더욱 기쁘게 축하할 수 있다.

12월 25일에 한 번 성탄 예배를 드리는 것만으로 대림절에 경험하는 두려움과 설렘 위에 임하는 하나님의 은총을 충분히 경험할 수 없다. 그러니 대림절에는 대림절 예배를 드리자. 한국 교회가 조급하게 최종 결과나 클라이맥스에만 집착하지 않고 중간 과정에 충실해서 천천히, 그러나 끊임없이 다가오는 그분의 은총을 놓치지 않았으면 좋겠다. 충분히 어두워져야 별이 제대로 보이지 않겠는가.

# 성탄절은
## 낮아짐의 절기다

아기 예수 탄생을 고대하는 대림절이 시작되면, 무엇보다도 이 사실을 우리에게 알려주는 것은 크리스마스트리다. 크리스마스트리는 원래 알프스 북쪽 지방의 풍습이었다. 춥고 눈이 많이 내리는 겨울철 어둡고 눅눅한 산간 지방에서 눈 쌓인 나무 위에 장식물을 내걸고 밝은 불을 밝히는 것은 그들의 삶에서 매우 의미 있고 가치 있는 일이었다. 이런 풍습이 먼저 유럽을 비롯한 북반구 나라들에서 도입되었고 나중에는 전 세계에로 확산되었다. 그 결과 크리스마스트리는 전 세계에서 성탄절의 대표적인 상징으로 자리 잡게 되었다.

매년 이맘때 유럽에서는 트리용 생나무를 파는 시장이 선다.

생나무에 성탄 장식을 하는 것은 나무향도 좋고 보기에도 근사하다. 그러나 근자에 와서는 살아 있는 나무를 사용하는 것이 환경 파괴로 이어지기 때문에 그 대신 재활용 가능한 플라스틱 나무를 사용해야 한다는 주장이 힘을 얻고 있다.

호주와 같이 남반구에 위치한 나라들에서는 성탄절을 한여름에 맞이하기 때문에 해변가에서 수영복을 입고 크리스마스트리를 장식하는 장면이 등장하기도 한다. 그럼에도 그곳의 크리스마스트리도 어김없이 추운 지역에서 자라나는 상록수이고, 솜으로 만든 눈과 어둠을 밝히는 구슬로 장식된다. 환하고 더운 여름날 호주의 성탄절 장식이 춥고 어두운 북반부의 자연 환경에서 비롯된 상징물로 이루어져 있다는 것은 왠지 부자연스럽고 어색하다. 이는 오랫동안 남반구에 대한 북반구의 문화적이고 경제적인 우위성에 기인한 것이라고 할 수 있다.

우리나라에서 크리스마스트리와 더불어 성탄절 상징으로 선호되는 것은 포인세티아poinsettia라는 식물이다. 포인세티아는 중앙아메리카가 그 원산지다. 빨간 별처럼 생긴 잎사귀가 베들레헴에 나타난 별과 비슷하다고 해서 그 지역에서는 거룩한 장식으로 사용되었다고 한다. 이것을 멕시코에 파견되었던 미국 대사 조엘 로버츠 포인셋Joel Roberts Poinsett이 1829년 캘리포니아로 가지고 온 것이 계기가 되어 널리 보급되었는데 도입자의 이름을 붙여 포인세티아로 불리게 되었다고 한다.

홍미로운 사실은 미국 문화가 확산되어 있는 나라의 경우에만 포인세티아가 성탄절 상징으로 등장한다는 것이다. 필자는 독일 유학 시절 여러 번의 성탄절을 맞이했지만 포인세티아를 성탄절 상징이라고 생각한 적은 한 번도 없었다. 귀국 후에 비로소 포인세티아가 성탄절 장식에 사용되는 식물이라는 사실을 알게 되었다.

미국이란 나라에 대한 우리의 경제적이고 문화적인 동경이 그들의 성탄절 상징을 직수입한 결정적인 이유일 것이다. 남반구의 나라들에서 성탄절 상징물이 그들의 자연환경 및 계절과 연관 관계가 희박함에도 불구하고 북반구의 것을 그대로 사용하고 있는 현실의 연유와 마찬가지로 말이다. 포인세티아나 크리스마스트리를 볼 때마다 나라들 사이에 존재하는 불균등한 힘의 관계가 연상되어 느낌이 썩 좋지만은 않다.

이맘때 포인세티아나 크리스마스트리를 가장 반기는 곳은 교회나 기독교 기관과 같은 종교 단체가 아니다. 백화점이나 호텔과 같은 기업체다. 백화점이나 호텔의 성탄절 장식은 교회보다 거의 한 달 앞서 설치되는 것이 보통이다. 아기 예수를 해산하기 위한 마리아의 진통이 시작되지도 않았는데 돈 벌 궁리만 하는 곳에서는 마치 아기 예수가 이미 온 것처럼 호들갑을 떤다. 1년

중 이 무렵이 가장 떠들썩하고 화려하다.

사실 인간 세상을 구원하실 메시아가 이 땅에 오신다는 것은 얼마나 고맙고 기쁜 일인가. 그야말로 고생이 끝나고 행복이 시작된다는 신호가 아닌가. 그래서 사람들은 좀 떠들썩하고 화려하게 잔치를 하려고 하는 것이 아닐까.

그러나 구세주를 맞이하려는 기쁨의 잔치는 그렇게 치르는 것이 아니다. 왜냐하면 그런 잔치에는 아기 예수가 없기 때문이다. 본디 성탄절, 곧 크리스마스의 뜻은 '그리스도에 대한 예배'다. 따라서 예수 없는 성탄절 축제는 성립 자체가 불가능하다.

예수 그리스도, 우리의 주님은 비천한 모습으로 비루한 자리에서 태어나셨다. 따라서 크리스마스는 이렇게 지극히 낮은 자의 모습으로 오신 그리스도를 예배하는 날이다. 이런 의미에서 성탄절은 크고 높고 부하고 화려하고 힘 있는 것과는 전혀 상관이 없다. 성탄절은 '그리스도처럼 가난하고 힘없는 인간들도 존엄하다'는 인권 선언이 이루어지는 날이다. 빈곤하고 비천한 것이 거룩함과 고귀함을 담아내는 자리가 되는 날인 것이다.

이렇게 보면 화려한 크리스마스트리나 화사한 포인세티아가 성탄절의 의미를 지속적이고 일관적으로 드러내는 핵심적인 상징일 수는 없다. 앞서 언급했듯이 이 둘 안에 나라들 간의 힘의 관계가 반영되어 있다는 사실을 고려해보면 더더욱 그러하다.

이런 것들보다는 오히려 마구간과 말구유가 더 빼어난 크리스마스의 상징이라고 할 수 있다. 가난하고 낮고 천한 곳에 구원이 임한다는 메시지를 집약적으로 전달할 수 있는 상징으로 사용하기에는 허름한 마구간과 볼품없는 말구유가 안성맞춤이다.

성탄절 앞에 놓여 있는 대림절은 4주간으로 구성되어 있다. 이 가운데 2주는 근신하고 참회하면서 예수께서 세상에 다시 오실 때 내려질 심판에 대비하는 것에 중점을 두고 있다. 그리고 나머지 2주는 이런 근신 기간 이후 기쁨으로 구세주를 대망하는 것에 무게를 두고 있다. 그런데 우리의 교회들은 구세주를 대망하는 것에는 익숙하지만 근신하고 참회하는 것에는 서툰 것이 사실이다.

그렇다면 우리는 무엇을 근신해야 하는가? 우리는 무엇보다도 예수 없는 성탄절 축제를 참회해야 할 것이다. 냉정히 생각해 보면 어디 상혼 가득한 거리의 축제에만 아기 예수가 부재한가. 호텔과 백화점의 성탄 행사에만 예수가 없는가. 성탄절을 축하하는 교회의 잔치에도 마찬가지가 아닐까.

휘황찬란한 성탄 장식, 달콤한 과자, 커다란 선물 보따리, 시끌벅적한 아이들의 재롱 잔치, 부모들의 사진 촬영, 어마어마한 음악적 기량을 자랑하는 칸타타 연주 등이 그리스도에 대한 진정한 예배를 구성하고 있다고 보기에는 무리가 따른다. 필자의 눈에는 형식적이고 겉치레뿐인 의례로만 보인다. 하나님이 가난하고 비천한 모습의 인간이 되어 오시는 사건이 지니고 있는 세계 내적인 신비로움은 완전히 사장되기 때문이다. 그래서 하나님의 뜻은 따르지 않으면서 의례만을 근사하게 치르려는 역겨운 모습이라는 예언서의 비판이 들려오는 것 같다.

예수 없는 성탄절 잔치는 거둬들여야 한다. 사회적 약자와의 진한 연대를 추구하지 않는 성탄절 축제는 중단되어야 한다. 이제 성탄절은 우리에게 가난하고 비천한 자리가 거룩한 자리임을 공동체적으로 경험하는 절기가 되어야 한다.

올해 성탄절에는 내려가자. 내려가고 또 내려가자. 우리가 현재 처해 있는 경제적, 정치적, 사회적, 종교적 위치보다 더 낮아지도록 노력하자. 그럴 때 아기 예수는 우리를 외면하지 않고 찾아올 것이다. 그때에야 비로소 우리는 그리스도에 대한 진정한 예배를 드릴 수 있을 것이다.